그래도 너는 아름다운 청년이다

그래도 너는 아름다운 청년이다

지은이 | 이상준
초판 발행 | 2013. 5. 12
23쇄 발행 | 2025. 2. 20
등록번호 | 제1988-000080호
등록된 곳 | 서울특별시 용산구 서빙고로 65길 38
발행처 | 사단법인 두란노서원
영업부 | 2078-3333   FAX | 080-749-3705
출판부 | 2078-3331

책값은 뒤표지에 있습니다.
ISBN 978-89-531-1922-2 03230

독자의 의견을 기다립니다.
tpress@duranno.com   www.duranno.com

ⓒ 이 출판물은 저작권법에 의해 보호를 받는 저작물이므로
무단 전재와 무단 복제, 무단 사용을 할 수 없습니다.

두란노서원은 바울 사도가 3차 전도여행 때 에베소에서 성령 받은 제자들을 따로 세워 하나님의 말씀으로 양육하던 장소입니다. 사도행전 19장 8-20절의 정신에 따라 첫째 목회자를 돕는 사역과 평신도를 훈련시키는 사역, 둘째 세계선교(TIM)와 문서선교(단행본·잡지) 사역, 셋째 예수문화 및 경배와 찬양 사역, 그리고 가정·상담 사역 등을 감당하고 있습니다. 1980년 12월 22일에 창립된 두란노서원은 주님 오실 때까지 이 사역들을 계속할 것입니다.

그래도 너는
아름다운 청년이다

이상준 지음

두란노

목차

프롤로그
"소중한 당신, 절대 포기하지 말라!"
추천의 글
이재훈, 김남국, 김형준, 변성우, 송태근, 조현영

Part

영원도 시간을 앞지르지 않는다

1. 청년 예수의 피가 흐른다   16
2. 날개를 접기에는 아직 이르다   22
3. 내 인생의 잇 아이템   28
4. 우리 다시 시작하자   36
5. 바닥일지라도 오르막길이면 된다!   44
6. 왜 선악과를 만드셨나요?   52
7. 이 어두운 터널은 반드시 끝난다   62
8. 무력해야 부력이 생긴다   72
9. 그때 하나님은 어디 계셨나요?   78
10. 빈들로 나가라 다시 살아날 것이다   86

Part

인생은 닳지 않는다
다듬어질 뿐이다

11. 비전을 따라가지 말라 96
12. 오늘이 생의 마지막 날이라면 104
13. 오늘은 디테일! 내일은 스케일! 114
14. 땅끝에서 부르고 계신다 122
15. 결혼하는 게 뭐 어렵니? 130
16. 혼자 살 것인가? 같이 살 것인가? 138
17. 네 부모를 용서하지 마라 148
18. 원판불변의 법칙 – 생긴 대로 살자 160
19. 인생은 정답 찾기가 아니다 170

Part

여호와는 나의 목자시니
내가 부족함이로다

20. 당신의 능력을 보여 주세요 184
21. 나는 언제쯤 선발로 뛰어 보지? 192
22. 중독 세상에서 비주류로 사는 법 200
23. 당신은 이미 답을 알고 있다 214
24. 난세에 영웅이 등장한다 222
25. 미래는 그분의 손안에 있다 232
26. 신의 존재를 증명할 수 있나? 240
27. 하나님은 한 사람을 찾으신다 254

프롤로그

"소중한 당신, 절대 포기하지 말라!"

26년 전 중학교 3학년 때 그분을 만났다. 자살만 묵상하던 내 인생의 중세 암흑기와 같던 그때, 어두운 터널은 끝나지 않을 것 같았다. 그러나 그분을 만난 그날 내 인생의 어두운 터널은 종료되었다. 그리고 나는 빛을 보았다. 살고 싶은 의욕이 생겼고 하고 싶은 일이 생겼고 집 밖으로 뛰쳐나가 사람들에게 외치고 싶었다. 그때 비로소 내 인생은 시작되었다.

그래서 그런지 청소년을 보면 그들의 마음이 보인다. 웃고 있어도 울고 있는 영혼이 보이고, 괜찮은 척 애쓰지만 가까스로 버티고 있는 것이 보인다. 대학에 들어가자마자 8년간 중고등부 교사로 섬겼다. 전도사가 되어 5년간 청소년사역자로 섬겼다. 그리고 지금까지 청년사역자로 5년째 섬기고 있다. 전도사 때 가르쳤던 중학생들이 대학을 졸업해 취업대란을 뚫고 비전과 삶의 의미를 찾느라 몸부림치고, 연애의 기쁨과 실연의 아픔 그리고 더 어려운 결혼의 관문을 통과하는 것을 곁에서 지켜보며 그들이 잘되기를 응원하고 있다.

이제 그들이 비전을 이루었다고 깃발을 꽂고 손을 흔들며 기뻐하는 모습에 환호성을 지른다. 그러나 이내 정신을 차리게 된다. '이제 베이스캠프에 이르렀구나'라는 생각이 들기 때문이다. 오늘도 승리를 자축하는 한 청년에게 카톡 문자를 남겼다. "이제 한 고비 넘겼지만 아직 인생 레이스가 한참 남았다. 심호흡하고 꾸준히 가거라. 우리 모두 최후 승자가 되어야지."

또 어떤 청년은 결혼하여 자녀를 낳아 데려오더니 나를 "할아버지"라고 소개하였고, 그러자 어린 아이가 내게 "할아비"라고 부른다(아직은 이른 감이 있지만). 가슴이 뭉클하다. 손주들에게 용돈을 쥐어 주고 돌아서며 '하나님, 이 가정을 축복해 주십시오. 거친 세파를 이겨 낼 수 있는 믿음의 가정 되게 해 주십시오.'하고 간절하게 기도를 했다.

15년 전 이메일을 본격적으로 이용하면서 사용했던 아이디가 '오빠리'Oppalee였다. 그러나 이제는 '아빠리'Appalee로 바뀌었다. 어느새 하나님이 내 마음에 아비의 마음을 부어 주셨기 때문이다.

"그리스도 안에서 일만 스승이 있으되 아버지는 많지 아니하니 그리스도 예수 안에서 내가 복음으로써 너희를 낳았음이라"(고전 4:15).

이 말씀대로 가르치는 스승이 아니라, 자식이 잘되기를 바라는 아비의 마음으로 이 책을 쓴다.

밴쿠버에서 돌아와 온누리교회 대학청년 사역을 맡은 지 4년째다. 그러다 보니 주례만 200회 정도 했다. 본의 아니게 '주례 전문 목사'가 되었다. 그래서 연애와 결혼에 대한 책을 쓰라는 권유도 있었지만, 청년들에게 인생과 신앙 전반에 대해 해 주고 싶은 이야기가 많았다. 그래서 이 책을 쓰게 되었다.

내가 이 책에서 정말 하고 싶은 말은 "소중한 당신, 절대 포기하지 말라!"이다. 현대인은 자기 인생이 너무 소중한 나머지 써먹지를 못한다. 내 인생이 소중해서 결혼도 두렵고, 내 인생이 소중해서 기대 이하의 직장에 가는 것이 용납이 안 되고, 내 인생이 소중해서 하나님께 드리기도 아깝다. 다만 가만히 서서 "내가 소중하니 날 좀 알아 달라"고 외치지만 자괴감만 들 뿐이다.

아니다. 이렇게 소중한 젊은 날을 그냥 보낼 수는 없다. 정말 가치 있는 인생, 그것은 아낌없이 쏟아부으며 사는 인생이다. 최고의 주님이 십자가 위에서 자기의 생명을 쏟아부으셨다. 인생은 가치를 주워 모으며 사는 것이 아니라, 이미 주어진 고귀한 가치를 쏟아부으며 사는 것이다. 소중하기에 쏟아부어야 한다. 향유옥합이기에 부어 드려야 한다. 왜냐면 그것이 마중물이 되어 인생의 그다음 시즌이 열리기 때문이다. 모험이 가장 안전한 것이고, 헌신이 가장 남는 것이다. 그것이 바로 '죽는 게 사는 길'인 십자가의 원리요 하나님 나라의 법칙임을 청년들이 알게 되기를 바란다.

내 나이 어느덧 42세다. 이 책은 청춘의 끝자락에서 청년들에게 그리고 믿음의 후배들에게 남기는 인생독본이다. 부디 원석을 깨고 나오는 보석들이 되기를 바란다.

그동안 부족한 남편을 사랑해 준 아내와 바쁜 아빠를 응원해 준 아들들에게 감사한다. 그리고 미숙한 나를 불러 주셔서 지금까지 섬기게 해 주신 온누리교회와 고 하용조 목사님과 이재훈 담임목사님께 감사드린다. 정성스럽게 책을 낼 수 있도록 여러 모로 애정과 관심을 부어 주신 두란노 편집팀께 감사드린다.

2013년 봄

이상준 목사

※ 본문에 나오는 실례 중에서 인명, 지명, 연령 등은 일부 변경했다. 누구인지 알려고 하지 말라. 개인을 보호하려는 마음에서다.

추천의 글

요즘 청년을 깨우려는 많은 책들이 쏟아져 나오지만 정신이 바짝 들게 하는 책은 드물다. 그런 책이 되려면 저자가 적어도 두 가지 기준에 합당해야 하기 때문이다. 첫째는 어느 시대에건 적용 가능한 진리에 근거한 내용이어야 한다. 둘째는 몸부림치는 열정을 가지고 그 진리대로 실천하는 사람이어야 한다. 이상준 목사님의 《그래도 너는 아름다운 청년이다》는 이러한 조건에 합당한 책이다. 그는 청년을 붙잡아 줄 수 있는 진리를 삶과 사역의 현장에서 캐내었고, 자신이 그 진리대로 살아내는 훈련을 끊임없이 해왔다. 온누리교회 대학청년본부장으로서 수많은 청년들과 대화하며 다듬어진 그의 날카로운 영적 지혜는 비단 청년만이 아니라 영적 청년으로 살아가는 모든 그리스도인들이 귀담아 들어야 할 가치이다.

• 이재훈(온누리교회 담임목사)

요즘 젊은이들을 보면 안쓰럽고 가엽습니다. 우리 때는 가난했어도 같이 굶고 함께 희망을 가졌던 시대였습니다. 그런데 지금은 10년,

20년씩 죽어라 공부를 하고 스펙을 쌓고도 불안해하는 시대입니다. 그만큼 이 사회가 불안정하고 더욱 각박하다는 반증일 것입니다. 이런 세상에서 온전하게 살려면 변하지 않는 본질을 붙잡아야 합니다. 이 책은 세상 앞에 일곱 번씩 일흔 번은 넘어진 젊은이들에게 일어서는 법이 아닌, 제대로 넘어지는 법을 가르쳐 줍니다. 왜냐하면 이상준 목사님 자신이 그런 만만치 않은 시절에 제대로 넘어지고 제대로 일어섰기 때문입니다. 살아본 자의 경험은 뒤따라가는 자의 좋은 지침이 됩니다. 회복을 원하는 청년, 실패가 두려운 청년들에게 일독을 권합니다. 여러분은 실패자가 아니라 영광의 자녀로 부르심을 받았기 때문입니다.

• 김남국(마커스미니스트리 지도목사, 주내힘교회 담임목사)

청년이라는 단어 속에는 아름다움과 갈등이 함께 숨어 있다. 수많은 기회와 더불어 선택의 갈림길에서 방황할 때도 많이 있지만 그래도 청년이 아름다운 이유는 무엇일까? 그것은 새롭게 시작할 수 있기 때문이 아닐까? 이 책은 오랫동안 청년사역을 하면서 함께 나누었던 고민과 고통에 대한 대답을 담고 있다. 일반적이고 상투적인 위로와 대답이 아닌 진솔한 고민과 따스한 마음의 숨결이 흐르고 있다. 청년이 아름다운 이유를 말씀과 믿음 안에서 찾고 있지만 청년들의 언어와 논리로 함께 호흡하며 적어내려 간 대화 같은 글로 가득하다. 이 책은 또한 청년들의 고민과 갈등의 주제를 빠짐없이 다루면서도 청년의 때에 아름다움을 볼 수 있는 눈과 아름다움을 가꾸어가는 법을 제시해 주고 있다. 이 시대를 살아가는 젊은이들에게, 하나님의 청년으로 살기를 원하는 분들에게 일독을 권하고 싶다.

• 김형준(동안교회 담임목사)

제목부터 저의 마음을 흔들어 놓은 이 책을 읽으며, 제 마음이 먼저 치유되고, 힘을 얻었습니다. 정말 매력적인 이상준 목사님과 그의 세련미가 느껴지는 책입니다. 곳곳에서 이상준 목사님의 청년에 대한 사랑과 열정이 느껴집니다. 그의 진솔함과 도전은 이 시대를 살아가는 청년들이 꼭 한번 생각해 보고 실천하며 살아야 할 원리들이라고 생각됩니다. 이 책은 우리들이 살아가야 할, 아니 존재해야 할 본질을 이야기하고 있습니다. 제가 섬기고 있는 청년들에게도 꼭 필독을 권하려고 합니다. 청년뿐만 아니라 모든 분들이 꼭 한번 읽었으면 하는 바람입니다.

• 변성우(여의도순복음교회 대학청년국장 담당목사)

한국 교회에 위기가 닥치자, 교회학교와 청년 사역이 가장 큰 타격을 입었습니다. 과거 장년 교인의 두 배에 해당하던 교회의 어린이들이 급감하였고, 7, 80년대 역동적이던 청년 부흥의 역사는 점차 자취를 감추고 있습니다. 그나마 명맥을 유지해 왔던 캠퍼스 선교단체의 생명력 또한 과거의 영광에 미치지 못하고 있는 실정입니다. 오랜 기간 동안 청년 세대와 호흡을 함께해 온 이상준 목사님의 《그래도 너는 아름다운 청년이다》는 매우 시의적절하게 청년을 향한 메시지를 담고 있습니다. 마치 위기가 전혀 없었던 듯 본서는 분명하고 간결한 필체로 젊은 세대에게 도전과 위로를 줍니다. 뜨거운 가슴을 회복하기 원하는 청년들과 그들의 지도자들은 본서를 통하여 분명 큰 유익을 얻게 될 것이라 확신합니다.

• 송태근《삼일교회 담임목사》

온누리교회 여호수아예배를 통해 처음 이상준 목사님의 설교를 접했던 기억이 어렴풋이 남아 있다. 논리정연하면서도 직설적인 화법으로 크리스천 청년들의 신앙 및 결혼 문제에 대해 돌직구를 날리시던 그 모습. 나 자신이 아직 청년이어서 그런지 시간이 흐를수록 목사님의 설교는 신앙의 갈증을 해소시켜 주는 이온음료와도 같은 존재가 되어 버렸다. 흐트러져 있던 퍼즐을 하나둘씩 맞춰 놓은 듯 논리적으로 탄탄했던 이상준 목사님의 설교가《그래도 너는 아름다운 청년이다》를 통해 잘 녹아내려져 있다. 이 책은 세상의 소용돌이 속에서 움츠려 있는 크리스천 청년들에게 신앙, 결혼, 리더십 등의 주제를 가지고 새롭고 구체적인 비전을 제시하고 있다. 마치 청년들에게 믿음의 칼과 방패를 손에 쥐어주는 것만 같다. 그리고 청년의 아름다움은 철저히 주님 안에서 이루어진다는 것을 깨닫게 해주는, 하나님께서 기름부으신 책이란 사실을 믿어 의심치 않는다.

• 조현영《나는 하나님의 가능성이고 싶다》저자》

영원으로부터 시간이 왔다.
영원이 시간을 탄생시켰다.
그러나 영원은 시간을 아이 취급하지 않는다.
아니 시간을 앞질러 갈 생각조차 없다.

왜 그런가?
하나님이 인간과 손을 맞잡고
이 길을 가기 원하시기 때문이다.

우리와 함께하시는 하나님.
우리를 믿어 주시는 하나님.
당신을 사랑합니다.
당신을 신뢰합니다.

PART

01
영원도 시간을
앞지르지 않는다

01.

청년의 피흐르는 예수가다

"네 청춘을 독수리같이 새롭게 하시는도다"
시 103:5

젊은 날에는 스펙 쌓고 실력 쌓고 노년에는 성경 보고 기도한다? 아니다. 거꾸로 되어야 한다. 청년이 기억하는 것이다. 노년의 기억은 어쩔 수 없이 하는 것이지만 청년의 기억은 내가 원해서 하는 것이다. 온전한 인생, 후회하지 않을 인생을 위해 일부러 기억하는 것이다. 무조건 속도를 내지 않고 방향을 보고 속도를 내기 위해, 무조건 쌓아올리지 않고 설계도를 보고 쌓아올리기 위해 청년의 때에 기억해야 한다.

유시민의《거꾸로 읽는 세계사》(푸른나무, 2008)라는 책이 있다.

이 책이 유명해지면서 '거꾸로 읽는'이라는 말이 한때 서점가에 유행어처럼 번졌다. 그러면 왜 거꾸로 읽자는 것인가? 모범답안 같은 관점 말고 문제 제기를 통해 진정한 해답을 얻자는 것이다. 역사라는 종결된 사건 파일을 다시 열어 역발상으로 접근하면 숨겨져 있던 진실이 드러날 것이라는 믿음 때문이다.

그렇다. 세상이 심어 놓은 청춘 시즌에 대한 고정관념에서 벗어날 필요가 있다. '청년은 이럴 수밖에 없다'는 세상의 속설俗說을 타파하고 '청년은 이렇다!'고 말하는 성경의 정설定說을 따라가라.

〈속설 1〉 "청년은 유혹에 약하다"

정말 청년의 때는 세상이 주는 물질과 쾌락과 명예의 유혹에 속수무책으로 넘어가는 때인가? 오히려 그런 생각이 청년들을 거룩의 사각지대로 몰아넣는 것은 아닌가? 그러나 성경은 "청년들이 악한 자를 이기었다!"라고 선언한다(요일 2:13). 또한 청년은 말씀으로 그의 행실을 깨끗케 할 수 있다고 말씀한다(시 119:9). 반대로 어른이 되면 어떨까? 유혹에 강해질까? 어른이 되면 더 이상 유혹이 없을까? 그리고 나이만 들면 저절로 죄를 짓지 않게 될까? 결코 그렇지 않다. 오히려

17

돈 맛을 보았기 때문에 더 돈에 미치고, 쾌락의 맛을 보았기 때문에 더 쾌락에 탐닉하고, 나이가 들수록 명예가 중요하기 때문에 명예욕에 빠지게 된다. 오히려 청년의 때가 순전하고 악한 자를 이기는 영적 능력을 갖는 때다. 공자는 나이 사십을 불혹不惑이라 하였지만, 실제로 그것은 나이의 문제가 아니라 내면의 문제다.

요셉을 보라. 17세에 노예로 팔려 가 피 끓는 청년일 때 여주인의 유혹을 받았지만 자신을 지켰다(창 39:7-12). 요셉은 자신의 젊음과 유능함과 아름다움을 타락의 도구로 사용하지 않았다. 나 자신도 10대 때 하나님 앞에 드렸던 고백을 기억한다. "하나님, 평생 나실인으로 살겠습니다. 세상 사람들은 술 마시고 쾌락을 즐겨야 기뻐하지만, 저는 그런 거 하지 않고도 충분히 행복하고 즐겁게 살 수 있다는 것을 세상에 보여 주겠습니다!" 그때도 그랬겠지만 지금도 하나님은 이 고백을 매우 기뻐하실 것 같다. 청년의 때는 세상의 유혹 앞에 발을 들여놓지 않겠다고 선언할 수 있는 나이다. 청년이여, 죄의 구덩이에 빠져 사는 것이 아니라 은혜의 바다에 빠져서 살겠다고 선언하라.

〈속설 2〉 "청년은 꿈을 꾸고 노년은 기억한다"

청년기는 미래를 꿈꾸는 시기이고, 노년기는 과거를 추억하는 시기인가? 시간의 흐름대로 말하자면, 맞다. 하지만 성경은 전혀 다른 방향에서 인생의 지혜를 말해 준다.

"너는 청년의 때에 너의 창조주를 기억하라" 전 12:1.

사실 성경이 말하는 최고의 지혜자 솔로몬을 보면 조금 화가 난다. 자기는 해볼 것 다 해보고 나서 "그런 거 다 허무하다"고 말하니 좀 얄밉다. 사도 바울도 그렇다. 본인은 공부 다 해보고 나서 그리스도를 아는 지식에 비하면 "그런 거 다 배설물과 같다"고 한다(빌 3:8). 그러나 인생의 끝을 달려 본 사람들의 조언을 간과해선 안 된다. 왜냐면 지혜로운 인생은 마지막을 염두에 두고 시작하기 때문이다.1)

인생은 방향을 정하고 속도를 내는 것이다. 설계도를 그리고 건물을 올리는 것이다. 계획 다음에 실행이 있는 법이다. 내적 창조Mental Creation가 외적 창조Physical Creation보다 앞서야만 바른 순서다. 그래서 청춘은 기억해야 하는 때다. 무조건 속도를 내면 안 되고 방향을 보고 속도를 내야 한다. 무조건 쌓아올리면 안 되고 설계도를 보고 쌓아올려야 한다. 그러므로 신앙이 없는 스펙 쌓기는 모래성과 같다. 젊은 날에는 스펙 쌓고 실력 쌓고 노년에는 성경 보고 기도한다? 아니다. 거꾸로 되어야 한다.

이제 방향을 바꾸라. 청년이 기억하고 노인이 꿈을 꾸는 것이다(행 2:17). 청년은 더 늦기 전에 그의 창조자를 기억해야 한다. 축구 선수가 레드카드 받고 '아차, 심판이 있었구나!' 하고 기억한들 때는 이미 늦었다. 중요한 선거를 앞둔 정치인들이 젊은 날에 남긴 오점을 후회하지 않던가. 청년이 기억하는 것이다. 노년이 기억하는 것이 아니다. 노년의 기억은 어쩔 수 없이 하는 것이지만 청년의 기억은 내

---

1) "마지막을 염두에 두고 시작하라"는 말은 스티븐 코비가 《성공하는 사람들의 7가지 습관》(김영사, 2003)에서 두 번째 습관으로 말한 것이다.

가 원해서 하는 것이다. 온전한 인생, 후회하지 않을 인생을 내가 원하기 때문에 기억하는 것이다. 명심하라. 내 인생을 스타트하신 그분이 내 인생의 피니시 라인에 서 계실 것임을.

〈속설 3〉 "청년은 무모하다"

정말 청년들은 단순무식해서 무지용맹한가? 그래서 좌충우돌 사고뭉치인가? 그들은 세상을 알지 못하는 어설픈 풋내기들인가? 그렇게 낙인찍혀 마땅한가? 그러나 성경은 전혀 다른 얘기들을 들려준다. 사울 왕은 전쟁을 너무나 잘 알았기 때문에 골리앗을 넘어설 수 없었고, 다윗은 전쟁을 잘 모르기 때문에 (그러나 하나님을 잘 알기 때문에) 골리앗을 넘어설 수 있었다. 하나님은 다윗의 무모함을 오히려 기뻐하셨다. 사울 왕의 경험보다 다윗의 무모함이 오히려 지혜롭지 않았던가.

〈무한도전〉이라는 프로그램은 원래 〈무모한 도전〉이었다. '무모無謀하다'는 단어는 '모의謀議 없이 한다'는 뜻이다. 전쟁도 모사가 많아야 이기는 법인데, 어찌 모의 없이 인생을 살겠는가? 그러나 때로 거사는 모의 없이 치르는 것이다. 사람과 이야기하지 않고 하나님과 이야기해야 한다. 회의는 할수록 회의적이 되고, 기도는 할수록 긍정적이 된다. 교회 사역만이 아니라 세상 역사도 매 한가지다. 콜럼버스가 신대륙을 발견하자 그의 공로를 비웃는 사람들이 있었다. 이에 콜럼버스가 그들에게 "달걀을 세워 보라"고 했다. 모두가 불가능하다고 하자 그는 달걀 한쪽을 깨뜨려 탁자에 세웠다. 그러자 다들 "그렇게 하면 누가 못하냐?"고 말한다. 이에 콜럼버스가 말했다. "모든 것은 시작이 어려운 법이다!"

도전은 모의로 하지 못한다. 도전은 믿음으로 하는 것이다. 오늘 두 청년에게서 이메일을 받았다. '직장에서의 스트레스 때문에 포기하고 싶다'는 내용이었다. 그들에게 동일한 답변을 주었다. "포기하지 마라. 그냥 밀고 가라. 힘들다고 돌아서거나 멈춰 서면 안 된다. 힘들다면 오히려 더 속도를 내라. 그래야 비로소 비상하는 것이다!" 그렇다. 비상은 합리적인 수준으로 달려서는 불가능하다. 과도하게 달려야만 뜬다. 가벼워야 뜨는 게 아니라 가속도가 붙어야 뜬다. 그래서 무모하게도 무거운 연료를 가득 채우고 미친 듯이 달리는 것이다. 사실 결혼도 무모한 짓이다. 자세히 따지면 절대로 못 한다. 요즘 청년들이 만혼晩婚조차 어려워하는 것은 나이가 들수록 모의가 많아지기 때문이다.

무모하게 도전하라. 믿음 하나로 밀고 나가라. 그것이 더 순수하고 지혜롭다. 단순함이 강함이다Simplicity is Strength! 하나님은 청년의 단순함을 무지함이 아닌 순전함이라고 부르신다.

세상의 속설을 거부하는 청년이 있었다. 유혹을 거부하고 하나님을 기억하며 무모함으로 도전한 청년이었다. 바로 청년 예수다! 30세 청년 예수의 갈릴리 사역과 전국 투어 사역은 유대주의를 향한 무모한 도전이었다. 그것은 달걀로 바위치기였다. 그리고 더 큰 무모한 도전은 33세 청년 예수의 십자가 죽음이었다. 살아서도 못 바꾼 세상을 죽어서 바꾸겠다는 시도였다. 그러나 하나님은 청년 예수를 쓰셨고 마침내 세상을 바꾸셨다! 그 무모한 도전은 무모한 사랑에서 시작되었기에 결코 무의미하지 않았다. 당신 안에도 그 청년 예수의 피가 흐르고 있다는 사실, 이 사실을 결코 잊지 말라!

02. 날개를 접기에는 아직 이르다

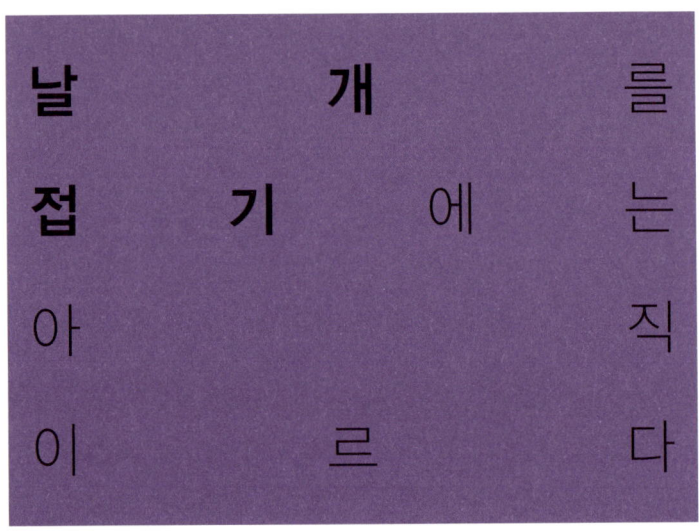

"롯의 아내는 뒤를 돌아보았으므로 소금 기둥이 되었더라"
창 19:26

미래는 오늘 올인하는 사람에게 열린다. 아직 인저리 타임Injury Time이 남아 있는데 경기가 끝난 것처럼 템포를 줄였다가는 대거 실점하기 십상이다. 이 땅에서는 두 다리 뻗고 쉴 생각하지 마라. 천국 문 앞에 설 때까지 달려야 한다. 쉬고 싶으면 천국 가서 쉬어라. 쉼표 없이 살라는 게 아니라 마침표를 빨리 찍지 말라는 뜻이다.

'대기만성'大器晩成.

큰 그릇은 늦게 만들어진다는 뜻이다. 재료도 많이 들고 시간도 많이 들고 노력도 많이 든다. 그러나 이 시대는 속성을 너무나 선호한다. 공부도 속성으로 성공도 속성으로 하고 싶어 한다. 그러다 부실공사가 되면 큰일이다. 현대인은 10~20대에 공부하고, 30대에 일하고, 40~50대에 즐기고, 60~70대에 쉬고, 80~90대에 더 쉬고 싶어 한다. 그리고 10대에 어느 대학에 가느냐, 20대에 어느 직장에 가느냐, 30대에 누구와 결혼하느냐, 40대에 얼마나 벌어 놓았느냐로 인생이 결정 날 것처럼 말한다.

인생의 경기를 빨리 끝내고 놀고 싶어 한다. 그런데 그렇게 빨리 경기를 끝내고 싶은 만큼 사람들은 '그동안 내가 뭘 했지?' 하며 자꾸 앨범을 뒤적거리게 된다. 그리고 학력, 경력, 재력을 따지게 된다. 앉아서 금고에 가진 돈이 얼마인지 세고 싶은 심정이다. 영화 도입 부분만 계속해서 리플레이Replay하는 격이다. 아직 오지 않은 미래를 보장받고 싶을 만큼 이미 결정된 과거에서 벗어나지 못한다. 그리고 학벌에서 밀리고 경력에서 밀리고 결혼에서 좌절하고 축재蓄財에서도 밀리니 내 인생은 소망이 없다는 결정론에 빠져 버린다. 아직도 가야 할 길이 먼데….

오늘 올인하는 사람이 내일의 주인공이다

하용조 목사님이 생전에 해 주신 말씀이 기억난다.

"회고 설교집을 내지 마라. 설교자가 회고 설교집을 내는 순간, 그의 설교는 거기까지다."

그래서일까? 신학대학원 3학년 때 그간 공부한 것과 사역한 모든 내용이 담긴 컴퓨터를 날린 적이 있다. 컴퓨터 본체가 고장 나서 수리한다고 마루에 내놓고 몇 달이 되도록 미루기만 했다. 그러던 어느 날 집에 와 보니 컴퓨터가 없는 것이다. 아내에게 물었다. 컴퓨터가 어디 갔느냐고. 아내 왈, "필요 없는 줄 알고 엿장수에게 줬는데요." 순간 하 목사님의 말씀이 생각났다. '아! 과거를 우려먹지 말라고 하시는구나.'

또 한번은 노트북을 날린 적이 있다. 캐나다 밴쿠버에서 목회할 때였다. 새벽에 사무실에 도둑이 들어서 10년 치 설교와 강의와 사역이 담긴 노트북을 모셔 갔다. 그 소식을 듣는 순간 마음이 차분해졌다. '아! 뒤돌아보지 말라고 하시는구나.'

> "푯대를 향하여 그리스도 예수 안에서 하나님이 위에서 부르신 부름의 상을 위하여 달려가노라" 빌 3:14.

사도 바울의 고백이다. 누구보다 많은 업적을 이루었지만 그는 멈추지 않고 끝까지 달린 사람이다. 마지막 순간까지 삶을 쏟아부은 사람이다. 미래는 오늘 올인하는 사람에게 열린다. 아직 인저리 타임

Injury Time이 남아 있는데 경기가 끝난 것처럼 템포를 줄였다가는 대거 실점하기 십상이다. 우리는 끝까지 달려야 한다. 천국 문 앞에 서는 날까지. 나는 청년들에게 자주 종용한다. "이 땅에서는 두 다리 뻗고 쉴 생각하지 마라. 쉬고 싶으면 천국 가서 쉬어라." 쉼표 없이 살라는 게 아니라 마침표를 빨리 찍지 말라는 뜻이다.

독수리의 심장으로

우리는 지난날을 추억하며 살기에는 아직 이르다. 앨범을 뒤적이며 지내기에도 너무 젊다. 나는 사진을 거의 찍지 않는다. 뒤를 돌아보지 않겠다는 마음 때문이다. 물론 아이들의 소중한 사진을 남겨 주는 아내에게는 감사한 마음이다. 그러나 때로 사역이 바빠 설교 준비도 충분히 못하면서 사진기를 들고 다니려면 주님께 죄송한 마음이 든다. '하나의 초점을 갖고 인생을 살자'라는 마음으로 적어도 나 자신만큼은 사진을 찍지 않는다. 앨범 속의 나보다 비전 속의 내가 더 중요하기 때문이다. 사진을 보며 사람들은 잘 나왔다 못 나왔다 말들이 많다. 물론 사진은 원래보다 잘 나올 수도 있고 잘 안 나올 수도 있다. 그러나 그것은 본질에 대한 하나의 표현일 뿐이다. 내가 정말 누구인지, 내 인생의 실사實寫는 하늘나라 앨범집에 차곡차곡 담겨 있다.

"한때는 좋았는데", "어릴 적이 좋았는데", "캠퍼스 시절이 좋았는데" 하고 말하지 마라. 그것은 과거의 향수로 현재의 고통에 진정제를 놓으려는 것일 뿐이다. 당연히 위안이 되지 못한다. 자기 인생에 대한 과거형 칭찬이기 때문이다. 과거형 칭찬은 현재형으로는 욕이 된다. 누군가 당신에게 이렇게 말한다고 생각해 보라. "예전에는 예뻤는데", "어릴 때는 참 착했는데." 그럼 지금은? 그러므로 왕년을 말하지 말라. 왕년이 없는 사람이 어디 있는가? 현재를 말하고 미래를 논하라. 현재를 살라. 과거의 회상에 매이지도 말고 미래의 두려움에 빠지지도 말라. 지금 이 순간을 살라. 그것이 하나님이 주신 최선의 인생이다.

앨범 속의 나는 화려할 수도 초라할 수도 있다. 그러나 인생은 한 장의 사진으로는 설명할 수 없는 4시간 반짜리 초장편 영화 같은 것이다. 아직 당신은 젊다. 화면을 멈춰서 자꾸 리플레이하지 말고 계속 흘러가게 하라. 지나간 장면은 가슴에 새기고 새로운 장면에 집중하라. 아직 영화가 미완성인 순간에는 다음 장면에 대한 기대감이 있다. 그리고 영화가 마치면 깊은 감동을 안고 그 자리를 떠나는 것이다. 그렇게 주님 앞에 가면 된다.

매의 눈으로 저 멀리 내다보라. 아직 어딘가에 착륙하기에는 날갯죽지에 힘이 남아 있다. 아직 다 보지 못한 하나님 나라의 꿈이 있다. 그래서 미완성의 인생이 불안하지 않고 설레는가 보다. 그분 앞에 서기까지 달려갈 길이 기대된다.

청년들이여, 땅바닥의 좁쌀을 줍는 참새의 심정으로 살아서야 되겠는가! 길거리의 쓰레기통을 뒤지는 비둘기의 심정으로 살아서야 되겠는가! 지금껏 누가 더 먹었나, 누가 더 챙겼나 같은 구차한 이야기는 그만 접자. 그리고 이제는 저 멀리 창공을 날아오르는 독수리의 심장으로 살자!

그대는 아직 날개를 접기에는 너무 이르다.

매의 눈으로 저 멀리 내다보라.
아직 어딘가에 착륙하기에는
날갯죽지에 힘이 남아 있다.
아직 다 보지 못한 하나님 나라의 꿈이 있다.

03.

내 인생의 잇아이템

"모든 성경은 하나님의 감동으로 된 것으로"
딤후 3:16

내게 책은 그저 두꺼운 종이뭉치에 불과했다. 내게 책읽기란 글자들의 미로 속을 헤매는 것과 같았다. 그런 내가 생전처음으로 완독한 책이 성경책이다. 성경은 내게 축복의 보고였고 지혜의 문이었다. 성경이 보이면 세상이 보인다. 성경이 보이면 인생이 보인다. 하나님은 바보를 들어 지혜자를 부끄럽게 하시는 분이다.

1994년 10월 21일 오전 7시 40분.

나는 군부대 식당에서 아침식사를 하고 있었다. 갑자기 TV에서 충격적인 뉴스가 흘러나왔다. 성수대교가 무너졌다. 더 이상 밥을 먹을 수가 없었다. 극적인 생존자도 있었지만 32명이 생명을 잃었다. 끔찍한 일이었다. 그날이 내가 태어난 날이기에 더욱 충격적이었다. 그 순간 나는 생각했다. '내가 저 안에 있었다면? 만약 마지막 순간에 가진 것 중 단 하나를 건질 수 있다면?' 순간 내 성경책이 떠올랐다. 내 인생에서 모든 것을 다 잃어도 결코 잃을 수 없는 마지막 잇 아이템은 바로 성경이다.

이 성경에 하나님과 눈물로 만난 흔적들이 있고,
이 성경에 무지한 나를 깨우쳐 주신 지혜가 있고,
이 성경에 흔들리는 나를 붙잡아 주신 진리가 있다.

성경에 답이 있다

"성경을 보라. 인생과 세상의 모든 보물지도가 있다."

내 인생의 13가지 황금률 중 하나다. 세상에는 세 가지 지식이 있다. '세상을 아는 지식'Knowing the World, '나를 아는 지식'Knowing Oneself,

'하나님을 아는 지식'Knowing God이다.

세상을 아는 지식은 모든 사람이 추구하는 지식이다. 우리는 학교와 직장에서 세상의 현상과 이치를 배운다. 그러나 깨어 있는 사람들은 거기에 만족하지 않고 두 번째 지식을 추구한다. 바로 자기 자신을 아는 지식이다. 객체가 아닌 주체를 알고 싶어 하는 것이다. 그러나 정말 소수의 사람들은 세 번째 지식을 추구한다. 그것은 하나님을 아는 지식이다. 그리고 하나님을 알게 될 때 비로소 내가 누구인지 알게 되고 세상이 무엇인지 알게 된다. 왜? 그분이 나를 만드셨고 그분이 세상을 지으셨기 때문이다.

하나님에 대해, 인생에 대해, 세상에 대해 질문하는 사람들이 참 많다. 그러나 성경을 깊이 파고드는 사람은 극소수에 불과하다. 그것이 참 이상하다. 수없이 많은 상담을 하지만 내가 지금 이래도 되는가 싶을 때가 있다. 궁극적인 상담자가 되시는 그분께 나아가면 되는데, 인생과 신앙의 매뉴얼이 이미 그들의 손에 들려 있는데 말이다.

성경을 보라. 하나님께 질문하라. 사람에게 질문하면 사람의 대답을 들을 것이고 하나님께 질문하면 하나님의 대답을 들을 것이다. 그래서 이스라엘의 왕들은 성경을 옆에 끼고 살아야 했다(신 17:18-20). 그도 그럴 것이 최고 지도자가 물어볼 데가 하나님밖에 더 있겠는가! 그들은 성경에서 해답을 찾았다. 그래서 세상 왕들은 역사책을 옆에 끼고 살지만 이스라엘 왕들은 성경책을 옆에 끼고 살았다.

"이 율법책을 네 입에서 떠나지 말게 하며 주야로 그것을 묵상하여 그 안에 기록된 대로 다 지켜 행하라 그리하면 네 길이 평탄하게 될 것이며 네가 형통하리라" 수 1:8

성경이 보이면 세상이 보인다

나는 원래 바보 소년이었다. 어떻게 우리 집에서 나 같은 애가 나왔나 싶을 정도였다. 아버지 어머니는 모두 책벌레셨다. 삼형제 중 두 형님도 마찬가지였다. 그러나 내게 책은 그저 두꺼운 종이뭉치에 불과했다. 물론 나도 책을 읽고 싶었다. 그러나 안 읽은 게 아니라 못 읽었다. 왜? 상상력이 없으니까. "코끼리가 바나나를 먹고 있습니다" 하면 코끼리가 보이고 바나나가 보여야 하지 않은가. 그러나 나는 아무런 그림이 그려지지 않았다. 검은 건 글자요 흰 건 여백이라. 상상력 부재. 내게 책읽기란 글자들의 미로 속을 헤매는 것과 같았다.

그러니 초등학교를 졸업할 때까지 제대로 읽은 책이 하나도 없었다. 내가 이런 말을 하면 (감사하게도!) 사람들이 안 믿어 준다. 그래서 한 가지 에피소드를 말하겠다.

초등학교 5학년 때 학기말 시험 공부를 하는데 너무나 걱정이 되었다. 사회책 70쪽을 공부해야 하는데 다 외울 자신이 없었다. 그래서 어머니에게 도움을 청했더니 가서 형들 공부하는 거 보고 따라 하라고 하셨다. 형들 방에 가 보니 형들은 책을 다 외우지 않았다. 중요한 부분만 밑줄을 긋고 외웠다. 아! 그렇구나. 나는 방으로 돌아와서 책상에 앉았다. 그런데 문제는 뭐가 중요한지 모르겠는 것이다. 그렇다고 다 외울 수는 없고 해서, 한 줄 긋고 한 줄 띄고 했던 기억이 난다. 마음속으로 얼마나 비참했는지! 그게 내 수준이었다.

큰형은 IQ 145의 노력형 천재였다. 한 번 앉으면 7시간 동안 움직이지 않고 공부했다. 사람이 아니었다. 그는 전설적인 공신이었다. 둘째 형은 IQ 154의 타고난 천재였다. 집에서도 수업 시간처럼 50분 이상을 공부하지 않았다. 잠이 많아서 고등학교 때도 밤 9시면 잠자리에 들었다. 그런데도 큰형은 늘 전교 1등, 둘째 형은 늘 전교 10등 안에 들었다. 나는? 묻지 마라. 가문의 수치다. IQ 세 자릿수에 턱걸이한 것만도 감지덕지였다.

그러던 내가 중3 올라가던 겨울수련회에 하나님을 인격적으로 만나고 성경을 읽기 시작했다. 수련회에서 전도사님이 현대인의 성경을 선물로 주면서 "반년 만에 읽어라" 하시는데, 조건부로 성경을 주나 보다 싶었다. 그래서 그날부터 매일 성경을 한두 시간씩 읽기 시작했다. 그렇게 말씀이 내 안에 쌓여 가기 시작했고, 난생처음으로 책 한 권을 완독할 수 있었다. 내가 처음으로 완독한 책이 성경이었던 것이다. 그리고는 지혜의 문이 열리기 시작했다. 그때 성경이 재미있었던 것은 열등한 내게 성경은 축복의 보고였기 때문이다. 성경을 보니 하나님이 실로 엄청난 약속들을 남발하셨음을 알았다. 그리고 나는 그 약속들을 붙잡았다.

그중에 야고보서 1장 5절 말씀이 있다.

"너희 중에 누구든지 지혜가 부족하거든 모든 사람에게 후히 주시고 꾸짖지 아니하시는 하나님께 구하라 그리하면 주시리라."

나는 제일 못하는 수학정석 겉장에 이 말씀을 적었다. 그리고 문제를 풀 수 없을 때마다 이 약속의 말씀을 하나님께 상기시켜 드리며 당당하게 지혜를 요구했고 하나님은 그때마다 기적같이 문제들을 이해시켜 주셨다. 하나님이 나의 과외 선생님이 되어 주신 것이다. 나는 그렇게 고등학교 3년을 공부했다. 그리고는 대학 문턱에도 가기 어렵던 내가 4년제 대학에 입학했다. 그것도 책 읽는 영문과에 들어갔다. 그것도 4년 장학생으로. 게다가 미국에 교환학생까지 다녀왔다. 지금까지 15권의 책을 번역했다. 그리고 지금은 책을 쓰고 있다. 이건 말도 안 되는 일이다!

하나님은 취향이 독특하시다. 잘난 사람, 있는 사람을 좋아하시지 않고, 나같이 바보에다가 인생 포기한 사람을 좋아하신다. 나 같은 사람에게 지혜를 주셨다면 당신에게도 지혜를 주실 것이다. 하나님은 역전의 대가이시다. 바보를 들어 지혜자를 부끄럽게 하시고 약한 자를 들어 강자를 부끄럽게 하시는 것을 좋아하신다. 왜? 그러면 그것은 사람이 한 것이 아니라 하나님이 하신 것이 분명해지기 때문이다.

당신 인생의 마지막 잇 아이템은 무엇인가?

한 인터넷 쇼핑몰에서 잇 아이템을 쳤더니 3,773개의 항목이 떴다. 영어도 해야 하고 중국어도 해야 하고 자격증도 따야 하고 경력도 쌓아야 하는가? 성경은 어느새 도서관에서 베고 자는 베개가 되었고 잠 못 이루는 밤이면 수면제가 되었는가?

성경이 보이면 세상이 보인다.
성경이 보이면 인생이 보인다.

요즘 인문 고전 열풍이 불고 있다. 인간의 고전古典은 탐독하면서 왜 하나님의 원전原典은 열독하지 않는가? 시간의 오래된 것보다 영원의 오리지널에서 비교할 수 없는 지혜가 부어질 것이다.

하나님은 역전의 대가이시다.
바보를 들어 지혜자를 부끄럽게 하시고
약한 자를 들어 강자를 부끄럽게 하시는 것을 좋아하신다.
왜? 그러면 그것은 사람이 한 것이 아니라
하나님이 하신 것이 분명해지기 때문이다.

04.

우리 다시 시작하자

"이전 것은 지나갔으니 보라 새 것이 되었도다"
고후 5:17

인생 최대의 위기는 새로움이 아니라 매너리즘이다. 찰흙으로 작품을 만들자마자 삽시간에 굳어지듯이 익숙해지고 나면 고착된다. 움직이고 싶은데 움직일 수가 없다. 변하고 싶은데 변하지 못한다. 그래서 하나님은 새 마음을 기뻐하신다. 지금 청년의 때에 일신우일신 日新又日新을 삶의 태도로 훈련하라. 빨리 적응하는 것이 아니라 언제나 새로워지는 것에 자부심을 가지라.

갓난아기에게는 세상 모든 것이 새롭다. 그러나….
10대가 되면 말한다. "나도 알아요."
20대가 되면 말한다. "다 뻔한 얘기를."
30대가 되면 말한다. "뭐 새로운 거 없나?"
40대가 되면 말한다. "인생이 다 그렇지 뭐."
50대가 되면 말한다. "그런다고 세상이 바뀌나?"
60대가 되면 말한다. "다 흘러가는 거야."
70대가 되면 말한다. "자꾸 옛날 생각이 나네."
80대가 되면 말한다. "입맛도 없고 사는 맛도 없고."

"사람은 몸이 먼저 늙는 것이 아니라 마음이 먼저 늙는다."[2]

마음의 노화는 피부 노화보다 10배는 속도가 빠른 것 같다. 나의 10대, 20대에는 새로움이 두려움이었다. 새로운 학교, 새로운 선생님, 새로운 친구들, 새로운 동네, 새로운 과제. 늘 새로운 상황에 놓이는 것이 긴장되었다. 그러나 인생의 30대 중반부터 알게 된 사실

---

[2] 2012년 6월 16일, 《중앙일보》 사설란 정진홍.

은 새로움보다 더 두려운 것은 소리 없이 찾아오는 매너리즘의 그림자라는 것이다. 더 이상 긴장하지도 않고 두려워하지도 않는 것이다. 그런데 익숙해지고 편안해지면 그대로 가라앉는다. 마치 개구리를 찬 물에 넣고 천천히 물을 데우면 자기가 죽는 것도 모르고 가만히 있는 것처럼.

익숙해지면 고착된다

사람은 빨리 무엇인가에 어딘가에 익숙해지고 싶어 한다. 학교에 익숙해지고 직장에 익숙해지고 결혼생활에 익숙해지고 교회에 익숙해지고 싶어 한다. 익숙해야 편하기 때문이다. 그러나 찰흙으로 작품을 만들자마자 삽시간에 굳어지듯이 익숙해지고 나면 고착된다. 움직이고 싶은데 움직일 수가 없다. 변하고 싶은데 변하지 못한다.

익숙해지면 처음에는 잘하게 된다.
익숙해지면 다음에는 쉽게 하게 된다.
익숙해지면 결국에는 대충하게 된다.
익숙해지면 마침내는 아무것도 하기 싫어진다.

전에 유치부 예배를 들여다보다가 깜짝 놀란 적이 있다. 대여섯 살 꼬마들은 신나게 율동하며 찬양하는데, 일곱 살짜리 애들은 뒷짐을 지고 있는 것이었다. '내가 일곱 살이나 되었는데 유치하게 율동이나 하고 있어야 하는가' 하는 그런 표정이었다. 혀를 찰 노릇이었다. 그러나 그들만이 아니다. 아동부에 가 보면 6학년들이 똑같이 행동한다. 학생부에 가 보면 고3들이 똑같이 행동한다. 맨 뒷줄에 앉아서 온몸으로 지루하다는 메시지를 보낸다. 청년부는 어떤가? 앞에서 비전을 선포하고 아웃리치 가자고 하면 뒤에서 팔짱 끼고 있는 사람들이 있다. "그거 다 해 봤어." 청년부의 오래된 터줏대감들이다. 나이가 일곱 살이든 서른일곱 살이든 아니면 일흔일곱 살이든 마음이 늙은 사람은 늙은이요 마음이 젊은 사람은 젊은이다.

그래서 늘 초심을 갖는 것이 중요하다. 하나님도 우리가 날마다 새 노래를 부르기 원하시지 않는가.

"새 노래로 여호와께 노래하라"시 96:1.

우리 입술에 새 노래가 필요한 것은 하나님이 최신곡을 좋아해서가 아니라 새 마음을 기뻐하시기 때문이다.

청년들이여, 인생 최대의 위기는 새로움이 아니라 매너리즘이다. 지금 새로움으로 인해 긴장하고 있다면 너무 힘들어하지 말라. 그때가 오히려 팔팔하게 살아 있을 때다. 머지않아 다가올 매너리즘의 빙하기를 대비하라. 지금 청년의 때에 일신우일신日新又日新을 삶의 태도로 훈련하라. 빨리 적응하는 것을 자랑스러워하기보다 언제나 새로워지는 것에 자부심을 가지라.

나는 이 사실을 30대 중반 어느 날 불현듯 알게 되었다. 이제 설교 15년째, 목회 15년째, 결혼 14년째, 번역 15권째다. 어느새 나는 매너리즘에 빠져 가고 있었다. 마음을 새롭게 해야 한다. 내가 새로워지지 않으면 하나님이 안타깝게 바라보신다. "원숭이도 나무에서 떨어진다"는 말을 뼈아프게 경험하게 될지도 모른다.

부끄러운 고백을 하나 해야겠다. 목회자로서 10년째까지는 정말 깨알같이 정성껏 원고를 써 가며 설교를 준비했다. 그런데 어느 날부터 바쁘다는 핑계로 준비가 부족해졌다. 그래도 하나님은 늘 말씀해 주셨고 설교하는 데 무리가 없었다. 그런데 얼마 전 주일설교를 준비하는데 말씀이 임하지 않았다. 머릿속이 정지화면이 된 듯했다. 끝까지 매달렸는데 감동은 임하지 않았고 결국 상식 수준에서 준비한 설교문만 들고 단에 올라가야 했다. 그날 얼마나 가슴을 치며 엎드려 회개했는지 모른다.

청년이여, 어느 자리에 내 인생이 빨리 안착하는 것에 그다지 기뻐하지 말라. 새로움을 잃으면 모든 것을 잃는다. 무엇을 해도 새롭지 않으면 행복은 거기까지다.

청년이여, 아직 자리를 찾지 못한 채 기다리는 것에 그다지 걱정하지 말라. 모든 것에 낯설다면 아직 당신은 신선하다는 뜻이다. 앞으로 무엇을 하든 신선도만 유지하면 당신의 인생은 내내 만족스럽고 행복할 것이다.

'다시 시작하자'

아스부나스를 아는가? 그는 다니엘을 훈련한 환관장이다(단 1:3 이하). 환관장이라고 우습게 생각하지 말라. 당시 제국의 왕궁에 상주하던 관료들은 모두 환관들이었다. 그들 중에서 장툥이었으니 그는 대단한 세도가였다. 그런데 놀라운 장면이 성경에 포착된다. 다니엘은 10대의 포로 소년인데도 전혀 두려워하지 않는데 아스부나스는 백발의 세력가인데도 두려워서 벌벌 떤다.

"환관장이 다니엘에게 이르되 내가 내 주 왕을 두려워하노라 … 너희 때문에 내 머리가 왕 앞에서 위태롭게 되리라" 단 1:10 .

그러나 다니엘은 포로였지만 목숨을 걸고 신앙을 지키겠다고 다짐하니 세상에 두려울 것이 없다. 게다가 가진 게 없으니 잃을 것도 없다.

그러나 환관장은 다르다. 그에게는 가진 자의 두려움이 가득했다. 아는가? 가지지 못한 자의 두려움보다 가진 자의 두려움이 크다는 것을! 아직 직장이 없고, 가정이 없고, 손에 잡히는 게 없어서 두려운 청년들보다 이제 더 이상 오를 곳이 없어서 명퇴해야 하고 그동안 쌓아 놓은 명예와 권력과 재력과 사람들을 잃어야 하는 중장년의 두려움이 비교할 수 없이 더 크다. 그러나 그때에도 새로워질 수 있다면, 아직 희망이 있다.

사실 인생의 문제는 새로움이냐 익숙함이냐의 문제가 아니다. 인생의 문제는 본질의 문제다. 당신이 본질을 선택하면 새로운 환경에서도 승리할 것이고 매너리즘에서도 벗어날 수 있다. 본질은 모든 것을 뚫고 나가는 힘이기 때문이다.

청년들이여, 어려움이 있더라도 다시 시작하자! 실패감에 빠지지 말자. 실패는 있을지라도 실패감에 빠지지 말자. 그러면 희망이 있다. 반면에 안정감에 빠지지도 말자. 매너리즘은 더 큰 함정이니까. 안정되더라도 안주하지는 말자. 그러면 미래가 있다.

그래도 "저는 자신 없습니다" 하는 사람이 있을 것이다. 호세아와 고멜을 생각해 보라. 결혼해서 애를 셋이나 낳은 여자가 집을 나갔는데 남편한테 돌아와서 "우리 다시 시작하자"고 말하기가 쉽겠는가? 아니다. 오히려 호세아가 결혼지참금까지 들고 고멜을 찾아가서 말한다. "우리 다시 시작하자"(호 3:1-3).

그렇다. 우리가 하나님께 말하는 것이 아니라 하나님이 우리에게 이 말씀을 하신다. 하나님은 홍수로 폐허가 된 이 땅에 찾아오셔서 무지개까지 보여 주시며 노아 가족에게 말씀하셨다. "우리 다시 시작하자"(창 9:1-17).

주님은 실패한 수제자 베드로에게 찾아오셔서 말씀하셨다. "우리 다시 시작하자"(요 21:15-17).

하나님은 지금도 당신에게 말씀하신다.

"우리 다시 시작하자."

우리 입술에 새 노래가 필요한 것은
하나님이 최신곡을 좋아해서가 아니라
새 마음을 기뻐하시기 때문이다.

05.

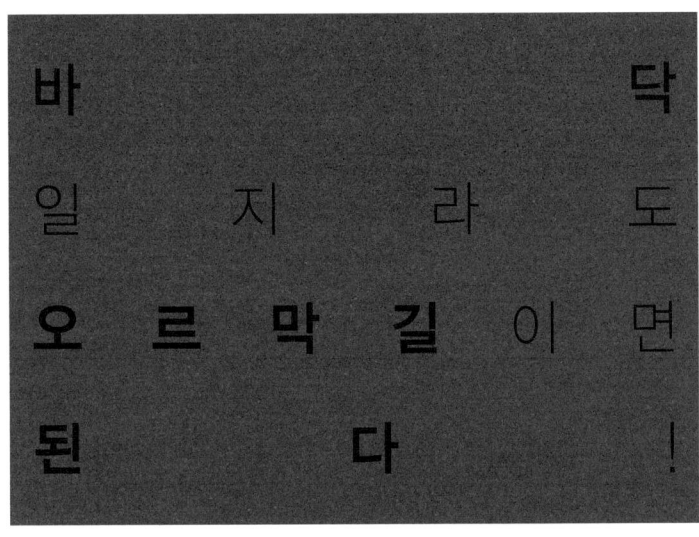

바닥일지라도 오르막길이면 된다!

> "우리 가운데 누가 먼저 올라가서 가나안 족속과 싸우리이까?"
> 삿 1:1

하나님이 인생을 다루시는 원리는 '시소의 원리'다. 시소는 내가 있는 자리가 낮아지면 오르막길이 되고 내가 있는 자리가 높아지면 내리막길이 된다. 지금 내가 서 있는 지점이 최저점이어도 좋다. 차도 없고, 집도 없고, 경력도 없고, 학력도 없다고 부끄러워하지 말라. 절망하지도 말라. 여기서부터 올라가면 된다.

■

"우리는 다 똑같은 출발선에서 시작한다?"

어느 인터넷 블로그에서 논란이 된 글의 제목이다. 욥은 우리가 모태로부터 몸뚱이 하나 갖고 태어난 존재라고 고백했다(욥 1:21). 그렇게 보면 서로 다를 바 없이 출발했다. 그러나 개인을 넘어서 개인의 배경을 보면 그렇지가 않다. 사회경제적 수준이 다르고, 인생의 배경이 되는 문화자본이 다르기 때문이다. 누구나 출발선 자체가 달라서 갖게 되는 상대적 박탈감을 갖고 있다. 특히 열악한 조건에서 태어나고 자란 사람은 나중에 내가 뒤처진 게 아니라 처음부터 출발선 자체가 달랐다는 사실을 알고 절망한다.

나는 대학에서 영어영문학을 전공했기에 입학 후 영어 과외를 많이 했다. 일주일에 두세 번 가르치고 월 20만 원이나 30만 원을 받았다. 내게는 꽤 도움이 되는 액수였다. 그러나 어느 날 강남에 사는 한 친구가 나와 똑같은 과외를 하면서 월 100만 원을 받는다는 이야기를 듣고 믿을 수가 없었다. 게다가 나는 4년 장학생으로 그 친구보다 실력이 좋은데 보수는 3분의 1도 안 되게 받고 있었다! (물론 그 친구가 받는 과외비가 지나친 것이었지만.) 하여간 더 이상한 것은, 그런데도 학생회관에서 만나면 그네들이 "상준아 떡볶이 사 줘" 한다는 것이었다. '아니 왜 나한테 사 달라고 하는가? 잔돈이 없어서 그런가?' 그러면서도 매너남이었던 나는 기꺼이 그들에게 간식을 제공했다. 속은 쓰리지만.

내려놓을수록 오르게 된다

나이가 들면 알게 된다. 아무리 노력해도 넘을 수 없는 장벽이 있다는 것을. 그리고 절망한다. 그래서 개혁을 외치고 구조 개선을 요구한다. 누군가는 노력하는 길을 선택하고, 누군가는 개혁하는 길을 선택하고, 누군가는 포기하는 길을 선택한다.

세상은 불공평하다.
그리고 신은 불공평하다.

그런데 평생 뇌성마비 장애를 앓고 있는 송명희 시인은 그런 하나님이 공평하시다고 노래한다.

나 가진 재물 없으나 나 남이 가진 지식 없으나
나 남에게 있는 건강 있지 않으나 나 남이 없는 것 있으니
나 남이 못 본 것을 보았고 나 남이 듣지 못한 음성 들었고
나 남이 받지 못한 사랑 받았고 나 남이 모르는 것 깨달았네.
공평하신 하나님이 나 남이 가진 것 나 없지만
공평하신 하나님이 나 남이 없는 것 갖게 하셨네.

도대체 어떻게 이런 노래를 부를 수 있는가? 물이 낮은 곳으로 흐

르듯 은혜도 낮은 곳에 부어지기 때문이다. 그러므로 죄가 더한 곳에 은혜가 넘치고(롬 5:20), 낮고 비천한 인생에 영광이 나타나는 것이다(삼상 2:4-8).

하나님이 인생을 다루시는 원리는 '시소의 원리'다. 시소는 내가 있는 자리가 낮아지면 오르막길이 되고 내가 있는 자리가 높아지면 내리막길이 된다. 영화에서 이런 장면을 본 적이 있다. 탈출하기 위해서 계단을 올라가니 내리막길이 되고 이상해서 계단을 내려가니 어느새 원하던 자리에 오르게 된다. 이것은 인간의 심리와 인생의 원리에서도 마찬가지다. 인생이 위기에서 벗어나려고 발버둥 칠수록 빠져들고 오히려 내려놓는 순간 해결되는 경우가 얼마나 많은가.

이런 시소의 원리를 잘 보여 주는 두 사람이 있다. 바로 사울과 다윗이다. 사울은 고지대에서 인생을 시작한 사람이다. 훌륭한 사회적 배경에서 태어났다. 그의 아버지 기스는 유력한 사람이었다(삼상 9:1 이하). 다시 말해 경제력과 사회적 지위를 가진 영향력 있는 인물이었다. 게다가 사울은 아비의 촉망받는 아들이었다. 그도 그럴 것이 그는 외모도 키도 모델 뺨치는 수준이었다. 루저 논란에 전혀 휘말리지 않을 인물이었다.

반면, 다윗은 저지대에서 인생을 시작한 사람이다. 아버지 이새는 그에게 어떤 교육적 혜택도 베풀지 않았던 것 같다. 멀쩡한 형들이 일곱 명이나 있는데도 막내 다윗을 들판에 내보내 양을 치게 했다. 사무엘이 아들 중에 왕을 삼겠다고 왔는데 그 자리에 불러 주지도 않왔다. 두 사람의 인생이 교차지점에 서게 되었을 때, 사울은 왕이었고 다윗은 목동이었다. 너무나 현격한 차이였다.

그런데 갑자기 시소가 움직이기 시작한다. 사울은 불순종과 거짓으로 왕의 자리를 지키고자 할 때 점점 내리막길로 향했다. 자식들의 마음도 떠나고 백성들의 마음도 떠나고 마침내 하나님의 영도 그를 떠났다. 그의 최후는 전쟁터에서의 자살이었다. 최고점에서 최저점으로 한없이 추락한 인생이었다. 내리막길에서 멈추지 못하고 가속도가 붙은 인생이었다.

그러나 다윗은 예배자의 마음과 목자의 마음을 가졌다. 왕가의 사랑을 받고, 백성들의 사랑을 받고, 무엇보다도 하나님의 사랑을 받았다. 결국 그는 왕이 되었고 다윗 성을 하나님을 예배하는 도시로 만든다. 최저점에서 최고점으로 비상한 인생이었다. 내려놓을수록 오르막길로 하나님이 밀어 올려 주시는 인생이었다.

우리는 노는 물이 다른 사람들이다

오늘도 사람들은 시소 타기를 한다. 올라가겠다고 교만하게 나서는 순간 내리막길이 되어 버리고, 하나님께 맡기겠다고 겸손하게 물러나는 순간 오르막길이 된다. 성경을 보아도 그렇다. 장자권은 첫째에게 있는데 희한하게 막내가 복을 받는다. 남자를 머리로 세우셨는데 이상하게 여인들이 더 하나님과 친하다. 왜 그럴까? 하나님은 공평하시기 때문이다. 그리고 목마른 인생이 물을 마시기 때문이다.

사울은 왕이었지만 열등감에 사로잡힌 인생이었다. 늘 나보다 잘난 사람에게 자리를 빼앗길 것에 두려워 떨면서 살았다.

그러나 다윗은 목동이었지만 자존감이 높은 인생이었다. 들판에 버려진 아이일지라도 하나님이 나를 사랑하시니 두려울 것이 없었다.

청년들이여 세상의 자리를 탐하지 말라. 세상의 물질이나 명예나 권력이나 외모를 탐하지 말라. 어리석은 시소 타기는 어지러운 롤러코스터로 돌변하는 수가 있다. 지금은 스펙을 쌓기보다 내공을 쌓아야 하는 때다.

하늘 끝에서 시작하고 싶은가?
불안한 고공행진을 하고 싶은가?
차라리 밑바닥에서 시작하라.
이제부터 오르막길이 열릴 것이다.

지금 내가 서 있는 지점이 최저점이어도 좋다. 차도 없고, 집도 없고, 경력도 없고, 학력도 없다고 부끄러워하지 말라. 절망하지도 말라. 여기서부터 올라가면 된다. 부모의 유산 받을 생각하지 말라. 내가 땀 흘리지 않은 돈은 내리막길이다. 내가 수고하지 않은 배경은 내리막길이다. 내 인생의 유일한 기초는 오직 나를 도우시는 하나님이시다. 그분이 나를 저 하늘 끝까지 데리고 가실 것이다.

노는 물이 다른 그들을 부러워 말라. 그들은 배경에 묻어 가는 사람들이다. 배경이 사라지면 그들도 사라질 것이다. 세력가들도 재력가들도 그렇게 사라져 갔다. 그러나 당신이야말로 노는 물이 다르지 않은가. 예배의 자리에서 눈물을 쏟고 삶의 현장에서 땀을 쏟는 당신. 하나님이 당신의 손을 들어 주실 것이다. 그리고 당신이 오르막길 끝에 서는 순간 다시 내리막길로 미끄러지지 말고, 그곳에서 기득권을 갖고 있을 때 세상을 개혁하라. 자리를 지키는 리더가 되지 말고 초심을 지키는 리더가 돼라.

그 길이 다윗이 걸어간 길이다.
그리고 당신이 걸어가야 할 길이다.

다 오른 뒤 미끄럼 타는 인생이 되지 말고
천국 문 앞까지 꾸준히 올라가는 인생이 돼라.

내가 땀 흘리지 않은 돈은 내리막길이다.
내가 수고하지 않은 배경은 내리막길이다.
내 인생의 유일한 기초는 오직 나를 도우시는 하나님이시다.
그분이 나를 저 하늘 끝까지 데리고 가실 것이다.

06.

"너희는 여호와의 선하심을 맛보아 알지어다"
시 34:8

결혼은 왜 했는가? 결혼하면 마냥 행복할 줄 알고 결혼했는가? 자녀는 왜 낳았는가? 그 아이가 부모의 애간장을 태울 줄 몰랐는가? 답은 하나다. 사랑하기 때문이다! 어려움이 있을 것도 알고, 마음을 후벼 파는 것처럼 고통스러울 것도 알지만, 사랑하기 때문에 결혼하고 자식을 낳은 것이다. 하나님도 우리를 사랑하시기 때문에 우리를 만드셨고 지금까지 인내하며 기다리시는 것이다.

■

사람들은 목사에게 대답하기 어려운 질문들을 많이 한다. 그래서 참 고맙다. 나의 생각과 신앙을 고루 다듬어 주니까. 그러나 난감할 때도 많다. 왜냐면 대답할 말이 없어서 난감한 것보다 (모르면 그냥 모른다고 하면 되는데), 진실을 받아들일 마음이 없는 질문자들도 있기 때문이다.

C.S.루이스Clive Staples Lewis의 《피고석의 하나님》(홍성사, 2011)이라는 책에는 인간이 재판장이 되어 하나님을 죄인으로 단정하고 몰아붙이는 모습이 묘사되어 있다. 나는 많은 사람들과 질의응답을 하면서 배운 것이 있다.

- 모든 질문은 좋은 질문이다. 모든 질문에는 답이 있기 때문이다.
- 질문에는 이미 답이 있다. 질문의 의도에 답이 담겨 있기 때문이다.

언젠가는 사람들의 수많은 질문과 그에 대한 답변을 따로 정리해 보고 싶다. 물론 더 깊은 묵상과 연구와 체험이 필요하다. 다만 여기서는 사람들이 가장 많이 질문하고 가장 골치 아파하는 선악과의 문제를 다루고자 한다. 사실 선악과 문제는 가장 뜨거운 감자다. 그러나 뜨거운 감자일수록 맛있는 법이다. 그리고 그것이 하나님이 주신 것이라면 당연히 맛보아 알아야 한다. 부디 많은 젊은이들과 신앙인들과 세상 사람들이 최고로 좋으신 하나님을 알게 되었으면 좋겠다.

하나님은 왜 선악과를 만드셨나요?

내게 이런 질문을 이메일로 하신 분이 있다(그의 질문을 요약한 내용이다).

질문 : 제가 이해하지 못하는 것은, 하나님께서 전지전능하셔서 모든 걸 알고 계시다면 (저희가 천국을 가게 될지, 지옥을 가게 될지까지도), 저희의 미래와 운명은 이미 정해져 있는 것 아닌가요? 그게 아니라면, 하나님은 전지전능하신 게 아닌 게 되죠. 선악과 문제도 같은 맥락이겠지요. 인간이 선악과를 먹을 줄 알면서도 왜 하나님은 선악과를 만드셨나요?

나는 다음과 같은 답변의 이메일을 보냈다(나의 답변을 정리한 내용이다).

답변 : 첫 번째 이슈를 질문으로 바꾼다면 이런 것이겠지요. '선하신 하나님이라면 인간이 어떻게 지옥에 가게 될 줄 알면서도 인간을 만들 수 있는가?' 선하신 하나님과 처절한 심판의 하나님이 병립하는 것을 받아들일 수 없는 인간의 진지한 질문입니다.

그러나 이렇게 생각해 보십시오. 국가 지도자가 죄 지은 사람에게 심판을 내리도록 법적 기준을 마련한다고 해서 그가 선하지 않은 건가요? 그러면 전지전능 차원에서도 생각해 볼까요? 그 국가 지도자는 그런 법을 만들어 놓고 국민들 중에 그런 심판(그것이 투옥이든 사형이든 벌금형이든)을 받을 사람이 전혀 없다고 생각했을까요? 국가 지도자가 전지전능하지는 않아도 그 정도는 예측 가능하지 않나요? 그러면 그가 국민들을 심판으로 몰아가려는 악한 의도로 그런 법을 만들었다고 말할 수 있나요?

'일벌백계'—罰百戒라는 말이 있습니다. 잘못된 길을 가도록 법을 만든 것이 아니라 잘못된 길을 가지 말라고 법을 만든 것이죠. 저는 지옥과 같은 무서운 심판을 만드신 하나님이 이상한 게 아니라, 그런 무서운 심판이 있음에도 불구하고 겁 없이 죄짓는 사람들이 더 이상해 보입니다.

두 번째 이슈인 선악과 문제도 사실은 첫 번째 이슈와 연관된 문제입니다. 선악과가 없었다면 죄 지을 일도 없었겠죠. 그러나 정말 그럴까요? 그 말을 다시 풀어서 설명하자면 이런 말이 됩니다. '법이 없으면 불법도 없다.' 그러나 그것은 아노미, 즉 무규범 상태를 말하는 것입니다. 무법하면 불법이 없는 게 아니라 무법천지가 되는 것입니다. 행복한 사회가 구현되는 것이 아니라 생지옥이 펼쳐지는 것입니다.

그 아름다운 동산에서 지켜야 하는 법은 유일하게 하나밖에 없었습니다. 저는 아무리 생각해 봐도 하나님은 너무나 관대하세요. 제가 두 아들을 반나절만 데리고 있어도 얼마나 잔소리를 많이 하게 되는지 모릅니다. "이거 해라. 저거 하지 마라." 그런데 하나님은 인간에게 세상을 맡겨 놓고 단 한 가지만 지키라고 하셨습니다. 그것은 '선악을 알게 하는 나무'의 열매를 따먹지 말라는 것이었습니다. 그것은 선과 악의 분별이 오직 하나님께 달려 있음을 말합니다. 인간에게 다 허용해도 그 선만은 넘지 말아야 한다는 뜻입니다. 아빠 엄마가 외출하면서 아이들에게 "뭐든지 해도 좋은데 아빠 엄마가 싫어하는 것만 하지 마라" 그 한마디 하신 겁니다. 부모의 부재중에도 부모의 임재 의식으로 살라는 얘기죠.

인간은 선악과 때문에 죄를 지었을까?

그러나 사람들은 반문합니다. 도대체 선악과는 왜 만들어서 인간이 죄를 짓게 만들었느냐? 정말 그런가요? 하나님이 선악과를 지뢰밭처럼 깔아 놓으셨나요? 아니오. 동산 중앙에 딱 한 그루 있었습니다. 그리고 선악과 때문에 인간이 죄를 지었나요? 그 말은 '선악과가 없었다면 인간이 죄지을 일이 없었다'라는 말입니다. 마치 이런 말이죠. 축구 경기 중에 레드카드를 받은 선수가 심판을 비난하면서 "당신이 만든 룰 때문에 내가 반칙을 했다!"고 말하는 것입니다. 그런가요? 심판이 선수의 자유를 구속하기 위해 룰을 만들었나요?

1998년 월드컵 우승을 차지한 프랑스의 아트 사커를 아실 겁니다. 그들은 축구를 거의 예술적인 차원에서 자유자재로 했습니다. 어떻게 그렇게 자유로울 수 있었나요? 단 한 가지 이유. 룰을 지켰기 때문입니다. 룰은 선수들의 자유를 빼앗기 위함이 아니라 선수들의 자유를 보장하기 위함입니다. 법은 정죄하기 위함이 아니라 사회의 질서를 유지하고 개인의 인권을 보호하기 위함입니다.

룰을 만드신 하나님이 잘못인가요?
룰을 어긴 인간이 잘못인가요?
전지전능하신 하나님에게 이 모든 책임이 있을까요?

하나님이 이 모든 것을 알고 계셨다고 해서 하나님이 그것을 의도하셨다는 뜻은 아닙니다. 하나님이 아담과 하와에게 먹기 싫어하는 선악과를 억지로 입에 밀어 넣은 것이 아니라는 말입니다. 하나님이 죄짓기 싫어하는 인간에게 억지로 죄를 짓도록 밀어붙이신 게 아니라는 말입니다.

가령 이런 예를 들어 보죠. 여름이 되면 물놀이를 하러 많이들 갑니다. 그런데 꼭 매년 사고가 납니다. 그 희생자가 누가 될지는 모릅니다. 그러나 물놀이가 위험할 수 있다는 것을 누구나 알죠. 어떤 부모가 아이들을 데리고 해변에 갔다고 합시다. 아이들이 부모가 안전하게 여기 낮은 곳에서만 놀라고 한다고 그렇게 하나요? 정말 말 안 들어요. 때로 혼자 사라지기도 하고 때로 깊은 곳에 들어가기도 하죠. 이때 사람들이 그 부모를 향해서 "당신은 자식들을 죽이기 위해서 악의를 가지고 해변에 갔다"고 비난할 수 있나요? 그럴 수 없습니다.

그러나 이렇게 반문할 수 있죠. "사전에 막을 수 있지 않았느냐?" 네, 방법은 있겠죠. 아이를 끈으로 묶어서 다닌다거나 아니면 아예 해변처럼 위험한 곳에는 나오지 않는다거나 아이의 일거수일투족을 통제한다거나 하는 것이죠. 그러나 그렇게 사는 아이가 행복할까요? 그리고 그렇게 통제하는 부모가 행복할까요? 그러면 마지막 예방법은 하나밖에 남지 않습니다. 아이를 낳지 않으면 됩니다. 왜냐면 해변 가는 것도 위험해요, 차 타는 것도 위험해요, 요즘은 학교 가는 것도 위험해요, 세상천지 위험하지 않은 곳이 없어요. 결국 아이를 아예 낳지 않으면 됩니다. 그런데도 사람들이 아이를 왜 낳나요? 아예 낳지를 말았어야죠. 불행을 막기 원한다면. 그러나 불행을 막기 위해 누군가를 사랑하지도 않고 결혼하지도 않고 가정을 세우지도 않고 자식을 낳지도 않으면, 인생이 과연 행복할까요?

하나님도 마찬가지죠. 하나님은 알고 계셨어요. 역사가 힘든 과정이 될 것을요. 그래서 선악과를 선두로 한 우리의 모든 난해한 질문들의 종지부는 '도대체 하나님이 왜 세상을 창조하셨고 왜 인간을 만들었는가?'라는 마지막 질문에 도달하게 됩니다.

사랑했을 뿐이다

그러면 이 시점에서 형제님에게 질문하죠. "결혼은 왜 하셨나요?" (질문자가 기혼자였습니다.) "결혼해 보니 늘 행복하신가요?" 때로는 서로에게 상처를 주기도 하고 실망하기도 하겠죠. 그렇다면 결혼해서 서로에게 상처 줄 것을 모르고 결혼하셨나요? 또 한 가지 질문을 하죠. "자녀는 왜 낳으셨나요?" 그 자녀가 잘못될 수 있고, 상처받을 수 있고, 방황할 수 있고, 부모 속을 엄청나게 썩일 수도 있다는 사실을 모르셨나요? 이런 모든 것을 알면서도 도대체 왜 결혼하셨나요? 도대체 왜 가정은 만드셨나요? 도대체 왜 애는 낳으셨나요? 제가 개인감정이 있어서 이런 질문을 하는 것은 아니고요, 적용이 되라고 드리는 말씀입니다.

답은 하나입니다. 사랑하기 때문입니다! 어려움이 있을 것도 알고, 눈물과 아픔이 있을 것도 알고, 때로는 마음을 후벼 파는 것처럼 고통스러울 것도 알지만, 사랑하기 때문에 시작한 것입니다. 사랑의 힘을 믿기 때문에 시작한 것입니다.

결론을 말씀드릴까요? 자녀는 부모에게 말합니다. "왜 내 인생이 이렇게 고통스러운데 당신들은 나를 낳아서 이렇게 힘들게 하느냐?" 부모는 말없이 뒤돌아서서 눈물을 흘립니다. 그저 죄스러운 마음뿐입니다. 자식의 그 고통을 대신할 수만 있다면 목숨이라도 내어 주고 싶습니다.

하나님이요? 바로 그 부모의 심정입니다. 그래서 대신 십자가를 지신 것입니다. 물론 자식은 그 순간에도 부모에게 삿대질을 하며 말할 것입니다. "내가 언제 이런 걸 원했나요? 다 필요 없어요!" 그래도 부모는 언젠가는 그 자식이 부모의 마음을 알게 될 것이라고 믿고 자식을 위해 눈물로 희생하는 길을 선택할 것입니다.

하나님은 형제님을 사랑하십니다.
세상이 맘에 안 들고
사람들이 힘들어하는 것이 맘에 안 들어도
하나님은 여전히 형제님을 사랑하십니다.

언젠가 그 자녀들이

자기도 자식을 낳고 키워 보면
나를 낳아 주신 부모의 눈물과 사랑과 희생을
이해하게 되죠.

이제는 하나님 아버지의 마음을
받아들이실 때가 되었어요.

신앙은 머리로 하는 것이 아닙니다.
부모의 사랑을 머리로 알 수 있나요?
하나님은 내 영혼의 아버지이십니다.
아버지께로 돌아오세요.

그 길이 천국 가는 길이기 때문이기도 하지만
내 친부모에게 등을 돌리고 행복할 인생은
아무도 없기 때문입니다.

그분은 나의 아버지이십니다.
내 영혼의 아버지이십니다.

하나님은 인간에게 세상을 맡겨 놓고 단 한 가지만 지키라고
하셨습니다. 그것은 '선악을 알게 하는 나무'의 열매를
따먹지 말라는 것이었습니다.
그것은 선과 악의 분별이 오직 하나님께 달려 있음을 말합니다.

07.

이 어두운 터널은 반드시 끝난다

•
"주에게서는 흑암이 숨기지 못하며"
시 139:12
•

다들 멀쩡한데 왜 나만 문제가 생겼나 하는가? 그렇지 않다. 어떤 사람에게나 찾아오는 인생의 통증이 조금 일찍 찾아왔을 뿐이다. 겨울이라고 모든 사람이 하루 한 날에 감기에 걸리는가? 아니다. 조금 일찍 걸리는 사람도 있고 늦게 걸리는 사람도 있다. "이젠 끝이야!"라고 말하지 말라. 당신은 패배한 것이 아니라 회복 중일 뿐이다.

■

세상이 화려할수록
영혼은 초라해진다.

세상에는 반감의 법칙이 존재한다. 빛이 밝을수록 어둠이 사라지는 게 아니라 어둠이 깊어진다. 승자의 기쁨이 클수록 패자의 슬픔이 깊어진다. 합격자의 얼굴이 빛날수록 탈락자의 얼굴은 어두워진다. 외적인 세상이 화려할수록 내적인 영혼은 초라해져 간다. 최신 전자제품에, 고급 승용차에, 혀끝에서 녹아내리는 진미열전에, 끝을 헤아릴 수 없는 온갖 엔터테인먼트에, 현대인은 영혼의 빛이 바래 가고 있다.

이렇게 재미있는 세상에서 사람들은 왜 우울증에 시달릴까? 하나님은 인간을 자연 속에 살도록 창조하셨는데 인간은 도시를 창조해서 살고 있다. 그래서 자연을 더 이상 자연스럽게 받아들이지 못한다. 잠시 피서지나 피한지로 가고 싶기는 해도 그곳에서 계속 살라 하면 대개 "지루하다", "재미없다"는 대답이 나온다.

그러나 한순간도 짜릿한 재미가 끊이지 않는 이곳 도시에서 살다 보면, 어느 순간 그렇지 않은 내 인생이 우울해진다. 너무나 완벽해 보이는 스타들과 잘나가는 유명인들을 보면 초라한 내 인생이 울적해진다. 그래서 현대 도시인들은 들뜸의 조증과 가라앉음의 울증 사이에서 롤러코스터를 타고 있다. 그리고 그 조울증의 롤러코스터는 적잖은 사람들에게 자살 충동을 일으킨다.

오늘날 자살은 한국인에게 심각한 질병이 되었다. 우리나라 자살률이 OECD 국가 중 1위다. 자살률은 근 15년 새 150% 증가했고 매년 1만 5,000명, 매일 42명이 자살로 생을 마감하고 있다. 9~24세의 청소년 사망 원인 1위도 자살이다. 의학 전문가들에 의하면, 자살자의 90% 이상이 정신장애가 있었고 그중 60~80%는 우울증을 앓고 있었다.3)

그러면 그들은 정신력이 약해서 그런 선택을 하는가? 때로는 정신력이 너무 강해서 그런 선택을 하기도 한다. 자수성가한 사람들, 세상에서 정상에 오른 사람들이 자살로 생을 마감하는 경우가 많다. 연예인, 기업인, 정치인들이 평소에 열심히 살았던 만큼 마지막 한계 상황에 몰리면 갑자기 자살을 선택한다. 왜? 잘살고 싶었던 만큼 죽고 싶어지기 때문이다. 잘해 보고 싶은데 그게 안 되니까, 아무리 발버둥쳐도 더 깊이 빠져드니까. 그래서 우울증에 걸린 사람이 일반인보다 자살할 확률이 30배 이상 높다고 한다.

어둠에 익숙해지지 말라

나는 타고난 우울질이었다. 자라기를 우울하게 자란 면도 있다. 한번은 어머니가 아들 삼형제에게 질문했다. "얘들아, 너희는 오늘 죽

---

3) 2012년 7월호 《빛과 소금》.

어도 천국 갈 확신이 있느냐?" 애들에게는 너무 무거운 질문이다.

큰형이 대답했다. "난 꼭 결혼을 해 봐야 하는데." 형은 당시 초등학교 6학년이었다. 사춘기가 시작되어 여학생들과의 눈빛 교환이 심상찮을 때였다. 둘째 형이 대답했다. "난 꼭 돈을 많이 벌어서 자장면을 마음껏 먹을 거야." 둘째 형은 4학년이었다. 자장면을 자주 못 먹는 것이 슬픈 영혼이었다. 내가 대답했다. "오늘 죽으면 좋지 뭐. 세상 험한 꼴 보지 않고." 나는 3학년이었다. 우울한 영혼의 대표주자였다.

그리고 중학생 때는 심각한 우울증을 겪었다. 머리도 나쁘고, 건강도 나쁘고, 성질도 나쁘고, 그런 나 자신을 보면 한없이 늪으로 빠져들었다. 가만히 책상에 앉아서 3~4시간씩 정신적인 자학을 했다. '넌 안 돼. 넌 할 줄 아는 게 없어. 넌 병신에 삐쩍 말라서 맨날 죄만 짓고 욕만 해. 넌 죽어야 해. 하나님도 널 도와주지 않아.' 일주일에 두세 번은 자살을 묵상했다.

그렇게 나는 어두운 방에 혼자 쓰러져 살았다. 사실 처음에는 어둠이 두렵고 외로웠지만 시간이 갈수록 어둠이 편안했다. 정신적인 자학과 자살 묵상은 그나마 내게 쾌감을 주는 자극적인 생각이었다. '내가 죽으면 다들 슬퍼하겠지. 난 희생자야. 난 불쌍한 희생자야.' 그러나 그것은 사탄이 주는 생각이었다.

그렇게 어둠에 익숙해져 갈 때 주님이 찾아오셨다. 나는 그분을 밀쳐냈지만 그분은 계속 찾아오셨다. 마침내 나는 문을 열었고 그분에게 안겨 그 방을 빠져나왔다. 어둡고 긴 터널이었다. 결코 끝나지 않을 것 같던.

그래서 나는 나 같은 아이들을 보면 금방 알아본다. 멀쩡한 척하지만 속이 멍든 젊은이들을.

전도사 시절에 전화 한 통이 왔다.
"내 아들이 교회에 안 나간 지 몇 달 됐는데 선생님이 연락도 없어요."
과천까지 심방을 갔다. 그런데 중2짜리 아이의 상황은 생각보다 심각했다. 소아우울증에 게임중독에 빠져 방에서 나오지 않은 지 5개월이나 되었다. 밥도 먹지 않고 날밤을 새우며 사람 죽이는 게임에 열중하고 있었다. 혈액이 순환되지 않아 발가락이 썩어 들어가고 있었다. 그런데 그날 기적 같은 하나님의 도우심으로 아이가 방에서 나왔다. 제 발로 현관까지 따라 나오는 아이 곁에서 어머니는 연신 "감사합니다" 했다. 나는 그들을 외면할 수 없었다. 그 뒤로 2년 동안 매주 한 번씩 아이를 찾아갔다. 그때마다 아이는 방에서 탈출했다. 그리고 잠시였지만 다시 학교도 다녔다. 지금도 회복 중인 그 청년을 생각하면 가슴이 저린다. 그러나 그는 적어도 그 어두운 방에서 탈출했다!

그 청년처럼 지금도 방 안에 갇혀서 이 책을 읽고 있는 젊은이들이 있다. 심각한 아토피 증상으로, 성형 실패와 중독으로, 신체적인 장애 문제로, 입시나 취직 실패로, 실연을 당해서, 불면증 우울증 대인기피증 공황장애로, 게임 포르노 알코올 중독 증세로, 방 안에 갇혀 있는 젊은이들에게 권면한다. 탈출을 시도하라! 어둠에 익숙해지지 말라. 그나마 어둠이 내게 위로를 준다는 생각은 사탄의 거짓말이다.

"도둑이 오는 것은 도둑질하고 죽이고 멸망시키려는 것뿐이요." 요 10:10.

우울증에 시달리다가 자살한 친척 형을 둔 청년이 있었다. 그런데 장례식장에서부터 한 달 내내 이 청년에게 소리가 들렸다. "다음은 네 차례야." 그것은 사탄의 소리였다. 잊지 말라. 우울증과 자살은 철저히 영적인 문제다!

그러므로 입을 열고 외쳐야 한다. "주의 이름을 부르는 자는 구원을 얻으리라!" 방 안에 갇혀 있을지라도 인터넷으로 예배드리고 말씀 듣고 기도해야 한다. 사방으로 막혀도 영적으로 뚫리면 뚫린다. 부모나 친구에게 도움을 구해야 한다. 상담가나 의사에게 말해야 한다. 혼자 수치스럽다고 병을 숨겨 두면 나중에는 수치가 아니라 치사致死에 이르게 된다.

실패한 게 아니라 회복 중이다

최근 호주에서 유학하던 한 대학생이 찾아왔다. 갑자기 찾아온 불면증 때문에 휴학하고 집으로 돌아왔는데 해결이 안 된단다. 빨리 떨치고 일어나고 싶을수록 더 우울해졌다. 급기야 우울증 약을 먹었는데 하루 종일 몽롱한 것이 이러다 평생 약 먹게 생겼다며 내 인생은 끝났다고 한탄했다.

나는 말해 주었다. 아니다! 여기가 끝이 아니다! 다들 멀쩡한데 왜 나만 문제가 생겼나 하는가? 그렇지 않다. 어떤 사람에게나 찾아오는 인생의 통증이 그에게는 조금 일찍 찾아왔을 뿐이다. 겨울이라고 모든 사람이 하루 한 날에 감기에 걸리는가? 아니다. 조금 일찍 걸리는 사람도 있고 늦게 걸리는 사람도 있다. 또 유행하는 감기에 걸리지 않고 넘어가는 사람도 있다. 그렇다고 평생 감기 한 번 안 걸리는 사람이 있는가? 주변에 그런 사람 못 봤다.

중요한 것은 그렇게 지쳤을 때, 쉼을 패배가 아닌 회복의 시간으로 인식하고 영적인 충전의 기회로 삼는 것이다. "이젠 끝이야!"라고 말하지 말라. 아이들은 게임을 하다가 이길 가망이 없으면 화를 내거나 울어 버린다. 그러나 지는 게임도 있다는 것을 편안하게 받아들여야 한다. 그래야만 또 다른 게임을 즐길 수 있고 이길 수 있다. 시험도 마찬가지다. 어떤 날은 100점을 맞기도 하지만 어떤 날은 50점, 20점 맞을 수도 있다. '부끄러운 점수를 받느니 차라리 백지 답안을 내겠다' 하는가? 아니다. 부끄러운 점수라도 점수를 받으라. 그것이 진정 부끄럽지 않은 인생이다.

당신이 실연했든 실패했든 우울하든 다 괜찮다. 잠수만 타지 말라. 도망만 가지 말라. 자기 인생의 무대로 돌아오라. 아파도 버티고 부끄러워도 버티고 약을 먹더라도 버티라. 부끄러우면 지는 것이 아니라 피하면 지는 것이다. 당신에게 수치심을 주어서 당신을 몰아내려는 원수에게 선포하라! "그래도 나는 간다! 그래도 나는 포기하지 않는다!" 그러면 원수가 슬금슬금 물러설 수밖에 없다.

터널은 반드시 끝난다

　10년 전, 대만에 갔다. 처음 가는 해외 초청이었다. 내심 기뻤다. 그런데 막상 가 보니 중고생 30명에 교사 2명을 데리고 시골에서 수련회를 인도해야 했다. 혼자 찬양 인도하고 말씀 전하고 기도 인도하고 했다. 그런데 통성기도 할 때 기분이 이상해서 눈을 떠 보니 한 여학생이 두 눈을 부릅뜨고 날 쳐다보고 있었다. 섬뜩했다. 고1인데 하얗게 화장을 한 얼굴로 냉담하게 날 쳐다보던 친구였다.

　마지막 날 갑자기 이 여학생이 상담을 신청했다. 의아했다. 앉아서 이야기를 들어 보니 사연이 구구절절했다. 중3 때 부모를 쫓아 대만에 왔는데, 아버지는 믿음 선교Faith Mission 한다고 사역 나가고 어머니는 남부의 어느 도시 공사판에서 일하고, 오빠와 자기는 돈이 없어서 한마디도 못하는 중국어 학교에 들어갔다. 가장 예민하던 시절에 인생의 모든 절망과 수치를 겪어야 했다. 그리고 자살 충동을 느끼며 방황했다. 밤 12시에 시작한 상담이 새벽 4시가 되었다. 4시간 동안 듣고만 있다가 마지막에 한마디 해 주었다.

　"얘야, 네 인생의 어두운 터널은 반드시 끝날 거야. 나도 내 인생의 어두운 터널을 지날 때는 정말 끝나지 않을 줄 알았어. 그런데 끝나더구나. 그리고 그 터널이 끝나는 날, 너의 어둡던 모든 시절을 잊을 정도로 밝은 빛을 보게 될 거야."

　다음날 수련회가 끝나자 이 여학생이 쪽지를 내민다. 그 쪽지에는 평생 잊을 수 없는 말이 씌어 있었다.

"전도사님. 내 인생의 어두운 터널이 끝나는 날 전도사님을 기억하겠어요."

얼마나 고맙던지! 눈물이 나려는 것을 애써 참고 웃음을 보여 주었다. 너무나 행복했다. 너무나 고마웠다. 내 말을 믿어 주었기에. 지금도 잘 지내고 있다. 아니 멋지게 지내고 있다.

우울하고 어두운 터널을 지나고 있는 젊은이들이여, 인생을 마감하면 자유해지는 것이 아니라 인생을 승리하면 자유해진다.

"내가 사망의 음침한 골짜기로 다닐지라도 해를 두려워하지 않을 것은 주께서 나와 함께하심이라" 시 23:4.

어려움이 없어서 두려움이 없는 것이 아니라 주님이 나와 함께하심으로 두려움이 없는 것이다. 그러니 이 한 가지 사실만 믿어주기 바란다.

"이 터널은 반드시 끝난다."

부끄러우면 지는 것이 아니라 피하면 지는 것이다.
당신에게 수치심을 주어서 당신을 몰아내려는 원수에게 선포하라!
"그래도 나는 간다! 그래도 나는 포기하지 않는다!"
그러면 원수가 슬금슬금 물러설 수밖에 없다.

08.

무력해야
부력 이
생긴다

"그를 의지하면 그가 이루시고"
시 37:5

절벽은 아무것도 아니다. 하나님의 부력이 나의 인생을 비상하게 하실 것이므로. 그러나 절벽이 모든 것이 되면, 나의 허약한 손목으로 벌벌 떨며 내 인생을 내려놓지 못하면, 추락하는 순간 모든 것을 잃게 된다. 그러니 이제 내려놓으라. 나의 모든 것이 그분에게는 아무것도 아니다. 아무것도 아닌 것처럼 넘어서게 하실 것을 신뢰하라.

∎

"아무것도 아니야."

가끔 아내는 이렇게 대답한다. 얼굴에는 사연이 가득인데 이상한 반응이다. 그러나 정말 아무 일도 아닌 것으로 치부하면 큰일 난다. 여인이 아무것도 아니라는 말은 하고 싶은 말이 너무 많아서 어디서부터 얘기해야 할지 모르겠다는 뜻이기 때문이다. 차분하게 앉아서 두세 시간은 풀어 놓아야 할 이야기가 있다는 뜻이다. 그래서 여인의 무Nothing는 전부Everything다.

모든 것이겠지만 아무것도 아니다

영화 〈킹덤 오브 헤븐〉Kingdom Of Heaven, 2005에서 기억나는 명대사가 있다. 서유럽의 십자군을 대표해서 예루살렘 성을 지켜 오던 발리안과 아랍 연합군의 강력한 지도자 살라딘이 성 앞에 마주섰다. 치열한 공방전 끝에 두 사람은 평화 조약을 맺는다. 발리안은 성을 내주기로 하고 살라딘은 기독교도들이 안전하게 떠날 수 있도록 약속한다. 발리안이 묻는다. "예루살렘이 무슨 가치가 있죠?" 살라딘이 대답한다. "아무것도"Nothing. 그러나 이내 돌아서서 대답한다. "모든 것이기도"Everything.

사실 아무것도 아니다. 우리가 인생에서 목숨을 거는 것들이. 그러나 모든 것이기도 하다. 이 얼마나 역설적인 이중성인가. 그렇게 우리 인생은 허무하고 유한한 것에 올인해서 살아간다. 그래서 주님은 이 모든 것을 내려놓으라고 종용하실 때가 있다.

"네 짐을 여호와께 맡기라 그가 너를 붙드시고" 시 55:22.

그렇다. 시간을 영원에 맡기면 영원이 시간을 붙드신다. 땅이 하늘을 의탁하면 하늘이 땅을 품으신다.

8년 전 한 음대 입시생이 집회에 찾아왔다. 얼굴이 창백해서 두려움에 떨고 있었다. 사연을 들어 보니 그럴 만했다. 어려서부터 고3 때까지 한 번도 자기 악기에서 1등을 놓쳐 본 적이 없던 아이가 전년도 대학입시에서 낙방을 했다. 실기 시험장에 들어가는데 난생처음으로 긴장했고 악보가 기억나지 않았다. 그런데 올해 다시 시험을 보아야 한다. 그때 그 친구에게 시편의 말씀을 특효약으로 처방해 주었다. 밤마다 읽고 묵상하며 푹 자라고.

"여호와께서 집을 세우지 아니하시면 세우는 자의 수고가 헛되며 여호와께서 성을 지키지 아니하시면 파수꾼의 깨어 있음이 헛되도다 너희가 일찍이 일어나고 늦게 누우며 수고의 떡을 먹음이 헛되도다 그러므로 여호와께서 그의 사랑하시는 자에게는 잠을 주시는도다" 시 127:1-2.

그렇다. 인생은 내 맘대로 되는 것이 아니기에, 최선을 다해야 하지만, 사실 하나님의 은혜에 맡겨야 한다. 그래야 평안이 있다. 마치 운동선수가 훈련 때는 근력과 스피드를 최고로 끌어올리지만 막상 경기장에 들어갈 때는 오히려 워밍업을 하며 몸을 푸는 것과 같다.

하나님께 완전히 내 인생을 맡겨라. 물 위에 몸이 뜨기를 원한다면 몸에 힘을 빼라. 그리고 물에 몸을 맡기라. 물이 무서워 온몸에 힘이 들어가면 가라앉고 만다. 그러나 물에 몸을 맡기면 놀랍게도 몸이 물 위로 뜬다. 무력해야 부력이 생기는 것이다. 내가 무력해져야 하나님의 은혜가 나를 띄우는 부력이 된다.

하나님의 부력이 인생을 비상하게 한다

하나님께 나아갈 때는 백지를 들고 나아가라. 제안서를 다 채워서 들이밀지 말라. 따발총 쏘듯이 기도를 쏟아 내며 하나님을 밀어붙이지 말라. 하나님께는 하나님의 계획이 있다. 그러니 그저 백지를 들고 나아가라. 이제는 듣는 기도를 하라. 이제는 받아들이는 기도를 하라. 기도는 내 뜻이 관철되는 것이 아니라 하나님의 뜻을 받아들이는 것이다. 기도는 내 계획이 이뤄지는 것이 아니라 하나님의 계획이 이뤄지는 것이다. 이제 불완전한 인간의 계획을 무력화시키고 완전한 하나님의 계획이 떠오르도록 하라.

지금 당신이 인생의 낭떠러지 앞에 서 있다면, 로버트 슐러Robert Schuller의 〈절벽 가까이로 부르셔서〉를 기억하라.

절벽 가까이로
나를 부르셔서 다가갔습니다.
절벽 끝에 더 가까이 오라고 하셔서
더 가까이 다가갔습니다.

그랬더니 절벽에
겨우 발을 붙이고 서 있는 나를
절벽 아래로
밀어 버리시는 것이었습니다.

물론 나는
그 절벽 아래로 떨어졌습니다.
그런데 나는 그때까지
내가 날 수 있다는 사실을 몰랐습니다.

절벽은 아무것도 아니다. 하나님의 부력이 나의 인생을 비상하게 하신다면, 순간 나는 모든 것을 넘어설 것이다. 그러나 내가 나의 허약한 손목으로 벌벌 떨며 내 인생을 내려놓지 못한다면, 추락하는 순간 나는 모든 것을 잃게 될 것이다. 그러니 이제 내려놓으라. 나의 모든 것이 그분에게는 아무것도 아니라고 인정하라. 아무것도 아닌 것처럼 넘어서게 하실 것을 신뢰하라.

한 산악인의 이야기다. 그는 최고봉에 도전하기 위해 오랜 세월 준비한 뒤 모험을 시작했다. 그는 모든 영광을 독차지하고 싶었기에 홀로 길을 떠났다. 그는 산을 오르기 시작했다. 하루해가 지고 밤이 되었다. 달이 뜨고 별들이 빛났다. 그러나 갑자기 먹구름이 몰려오더니 순식간에 칠흑 같은 암흑이 되었다. 아무것도 보이지 않았다. 그는 정상을 코앞에 두고 산등성이에서 미끄러졌다. 엄청난 속도로 떨어졌다. 순간 허리를 묶고 있던 밧줄이 떨어지던 그를 잡아당겼다. 그는 공중에 매달린 채 절박하게 소리를 질렀다. 그때 하늘에서 소리가 들려왔다. "무엇을 해 주기 원하느냐?", "저를 구원해 주십시오!", "내가 널 구원할 수 있다고 믿느냐?", "물론이죠. 주님!", "그래? 그렇다면 밧줄을 끊어라!" 순간 정적이 흘렀다. 그리고 그는 허리에 있는 밧줄을 더 세게 조였다. 다음날 산악 구조팀이 그를 발견했다. 그는 두 손으로 밧줄을 꼭 붙든 채 얼어 죽어 있었다. 불과 땅에서 1미터 위 공중에 매달린 채.

당신이 붙잡고 있는 것은 무엇인가?
그게 그렇게 대단한 것인가?
목숨까지 걸 만한 것인가?
이제는 내려놓을 수 있겠는가?

09.

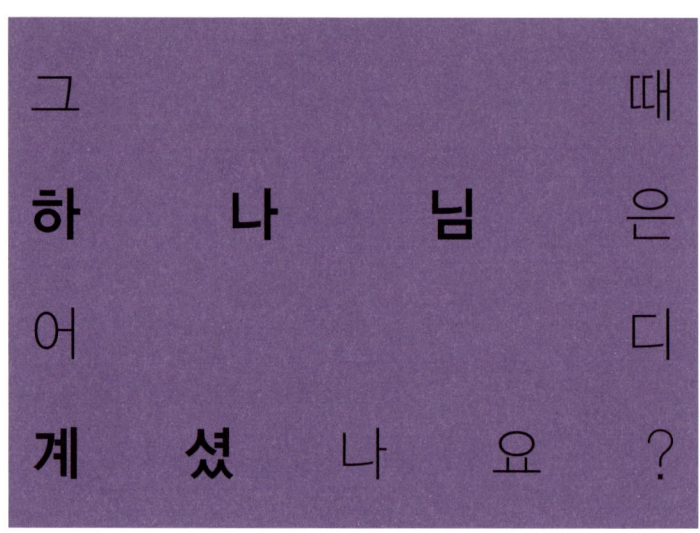

그때 하나님은 어디 계셨나요?

"나의 질문에 대하여 어떻게 대답하실는지 보리라"
합 2:1

욥과 같이 고통의 골짜기를 지나가고 있다면 기억하라. 하나님의 침묵은 하나님이 당신을 포기했다는 뜻이 아니다. 하나님 아버지는 아들이 십자가에서 죽어 갈 때 철저히 침묵하셔야 했다. 다만 지축이 흔들리도록 아버지는 통곡하셨다! 하나님의 침묵은 하나님의 눈물임을 잊지 말라.

어머니.

어머니는 내가 가장 존경하던 분이다. 내가 만난 사람 중에 하나님과 가장 친밀한 분이었다. 영력이 있으나 겸손하셨고 모진 고난 속에서도 끝까지 승리하신 분이었다. 내게 신앙과 인생의 모범을 보여 주신 분이었다. 어머니는 삼형제 중 가장 부족한 나를 하나님의 은혜로 채워 주려 하셨다. 머리도 나쁘고, 건강도 나쁘고, 성질도 나쁜 나를 늘 격려해 주셨다. "상준아, 너는 하나님의 축복으로 사는 인생이다." 지금 생각해 보면, "넌 인간적으로는 한참 부족하다"는 뜻이었다. 정말 은혜가 아니고는 구제불능 인생이라는 뜻이었다.

그러나 감사한 것은 어머니는 나를 다그치지 않으셨다. 책을 읽지 않는다고 공부를 하지 않는다고 느리다고 다그치지 않으셨다. 형들과 비교하지도 않으셨다. 형들은 늘 전교 등수를 헤아리는데 혼자서 60점짜리 점수를 들고 들어온 날, 나는 하늘이 노래졌다. 그러나 부모님은 그런 나를 앉혀 놓고 말씀하셨다. "상준이가 최선을 다했으니 수고했다!" 매를 들지도 않았고 화를 내지도 않으셨다. "커서 도대체 뭐가 될래?"라고 말씀하시지도 않았다. 그저 어머니는 새벽마다 나를 위해서 눈물로 기도하셨다. 그리고는 하나님으로부터 무슨 음성을 들으셨는지 늘 평안하셨다. "상준아, 하나님이 너를 채우셔서 귀하게 쓰실 것이다!" 어머니의 평안은 어머니의 믿음이었고 어머니의 믿음은 내 평생의 축복이었다.

하나님의 침묵은 눈물이다

사실 한국 엄마들의 자식 사랑은 유별나다. 그러나 부모의 과잉보호가 자식의 인생 면역력을 떨어뜨리고, 부모의 교육 열기가 자녀의 인생 밭을 산성 토양으로 만드는 경우가 많다. 왜 그럴까? 얼른 자녀의 성공을 보고 싶은 부모의 조급함 때문이다. 또한 자녀가 겪을 실수와 실패와 아픔을 부모가 대신 지려 하기 때문이다. 그런다고 아이에게 완벽한 환경을 제공할 수 있는가? 결코 아니다. 언젠가는 온실에서 나와 거친 광야에서 살아야 한다. 그러나 자생력 없는 인생은 물 없고 양분 없는 세상에 나오면 수없이 쓰러질 수밖에 없다.

한번은 고2 자녀를 둔 엄마가 찾아왔다. 아이가 학교에서 왕따를 당한다고 호소했다. 성적도 우수했는데 지금은 공부에도 흥미를 잃었단다. 그런데 문제는 아이에게 있지 않았다. 문제는 엄마의 과잉보호였다.

엄마는 아들의 친구들을 찾아가서 잘 봐 달라고 부탁했다. 그 후 아들은 친구들에게 '마마보이'라는 놀림까지 당했다. 그런데도 엄마는 개입하지 말라는 아들의 말을 계속해서 무시했다. 왜? 도와주고 싶으니까! 아이는 그럴수록 엄마에게 반항했고 친구들에게 매달렸다. 그러나 우정도 학업도 회복할 수 없었다.

나는 그 어머니에게 모든 것을 내려놓으라고 했다. 그냥 심정적으로 지지해 주고 기도만 해 주라고, 그리고 침묵하라고 했다. 그러나 그 어머니는 교사 출신으로 교육이 전공인 만큼 자녀의 문제에 침묵하는 것을 누구보다 힘들어했다. 그럴수록 아이는 힘든 시간을 보내야 했다.

인생을 살아갈 지혜와 능력은 하나님이 주신다. 그러나 인생을 살아가는 것은 인간이다. 말 그대로 '인생'人生이지 않은가. 하나님이 인생을 도우신다고 해서 하나님이 인생을 대신 살아 주실 수는 없다. 어려운 환경이나 사람이나 질병이 사라지게 해 달라고 기도하면 그런 기도는 응답받기 어렵다. 그래서 수많은 사람들이 하나님을 원망한다. 내가 이렇게 힘든데 왜 도와주시지 않느냐고, 내가 고통당할 때 당신은 어디 계셨느냐고, 왜 내가 부르짖는데 아무런 응답이 없으시냐고.

과연 하나님은 우리가 인생의 시험을 보고 있을 때 무엇을 하고 계실까? 물론 하나님은 우리에게 시험을 감당할 지혜와 능력을 주신다. 그러나 시험 자체는 내가 보아야 한다. 대리 시험은 없다. 대리 출석도 없다. 아무리 하나님이 당신을 사랑해도 그것은 반칙이다. 하나님은 반칙을 행하실 수 없는 분이다. 매정하다고 그분을 비난해도 어쩔 수 없다.

그래서 욥기를 보며 많은 사람들이 의심한다.

"하나님이 어떻게 의로운 욥에게 그런 고통을 주시는가?"

"하나님이 욥을 사랑한다면 어떻게 그의 고통에 침묵할 수 있는가?"

많은 사람들이 욥의 고난에 침묵으로 일관하시는 하나님을 이해할 수 없다는 반응이다. 과연 하나님은 뭘 하고 계셨는가? 하나님은 욥에게 고통의 시험을 주시고는 천상의 라운지에서 소파에 누워 TV나 보며 놀고 계셨는가? 하나님의 침묵은 무엇을 의미하는가?

10년 전쯤이다. 수학능력평가 시험일이었다. 저녁 뉴스에서 그날 아침 풍경을 보여 주었다. 학생들이 입시장에 다 들어간 뒤 대문이 닫혔다. 그런데 저 멀리서 오토바이를 타고 어머니와 아들이 달려왔다. 통사정을 하니 대문을 열어 주었다. 카메라가 달려가는 학생의 뒷모습을 잡는다. 가방이 무척 무거워 보였다. 시험 당일에 저 많은 책은 뭐 하러 가져왔나 싶다. 게다가 학교 건물은 저 멀리에 있고 길은 오르막이었다. 정말 안쓰러웠다.

그때 카메라가 앵글을 돌려 어머니를 잡았다. 어머니는 대문에 가장 큰 엿가락이 되어 매달려 있었다. 그때 기자가 마이크를 들이밀었다. "지금 심정이 어떠십니까?" 참 잔인한 질문이다. 그러나 그 질문 덕분에 나는 평생에 잊지 못할 대답을 들었다. 어머니는 눈물을 글썽이며 떨리는 목소리로 대답했다.

"내가, 내가 저 아들 대신 시험을 봐 줄 수만 있다면."

기억하라. 인생에서 욥과 같이 고통의 골짜기를 지나가고 있다면 이 장면을 잊지 말라. 하나님의 침묵은 하나님이 당신을 포기했다는 뜻이 아니다. 하나님이 더 이상 당신에게 관심이 없다는 뜻도 아니다. 하나님의 침묵은 하나님의 눈물이다! 하나님의 침묵은 하나님의 기다림이다! 아들을 입시장에 들여보낸 어머니가 한가롭게 놀러 다니겠는가? 음식도 먹지 못하고 눈물로 기도하며 아들이 나오기를 기다리지 않겠는가!

영화 〈패션 오브 크라이스트〉The Passion of the Christ, 2004를 보면 예수님이 운명하시는 장면이 나온다. 예수님이 십자가 위에서 고개를 떨구자 갑자기 하늘에서 물 한 방울이 떨어진다. 바로 하나님의 눈물이다. 하나님 아버지는 아들이 십자가 위에서 "나의 하나님 나의 하나님 어찌하여 나를 버리셨나이까?" 부르짖는데 아무런 대답도 해 줄 수 없었다. 왜? 아들을 건져 주면 우리를 포기해야 했기 때문이다. 아버지는 아들이 십자가에서 죽어 갈 때 철저히 침묵하셔야 했다. 그때 아버지의 심정이 어떠했겠는가? 하늘이 어두워지고 지축이 흔들리며 아버지는 통곡하셨다!

고통의 시간을 스스로 뚫고 나와야 비상한다

밴쿠버에서 4년간 사역하다가 한국으로 돌아왔다. 큰아들이 한국 학교에 적응하기 힘들어했다. 나는 그 모습을 뒤에서 지켜보아야만 했다. 그리고는 알았다. '이제 시작이구나. 아들이 어렸을 때는 모든 일에 개입했지만 이제는 갈수록 아들이 스스로 인생을 살도록 지켜보고만 있어야 하는구나.'

한국 부모들은 자식의 고통을 그냥 보지 못한다. "너는 성공만 해라. 고생은 엄마 아빠가 다 할게." 용돈도 대신 벌어 주고 공부도 사교육으로 대신 해주고 대학도 부모가 정해 주고 결혼도 부모가 정해 준다. 그러나 인생은 대신 살아 줄 수 없다.

만약 나비 애벌레에게 "너는 날기만 해라. 허물은 우리가 벗겨 줄게" 하면 어떻게 될까? 나비는 결국 하늘을 날지 못한다. 날개에 힘이 없기 때문이다. 스스로 고통의 시간을 뚫고 나오지 못했기 때문이다.

신앙은 인생의 상처 위에
얄팍한 은혜의 반창고를 붙여 주는 것이 아니다.
신앙은 이제 다시 일어서라는 것이다.
신앙은 날개를 접고 쉬라는 것이 아니다.
이제 쉬었으니 다시 날개를 펴라는 것이다!

하나님은 당신의 아버지이시다.
당신이 가장 힘든 이 시간에도 침묵하고 계시지만
아버지는 여전히 당신을
소리 없이 그러나 가장 강력하게
응원하고 계신다!

하나님의 침묵은 하나님이 당신을 포기했다는 뜻이 아니다.
하나님이 더 이상 당신에게 관심이 없다는 뜻도 아니다.
하나님의 침묵은 하나님의 눈물이다!
하나님의 침묵은 하나님의 기다림이다!

10.

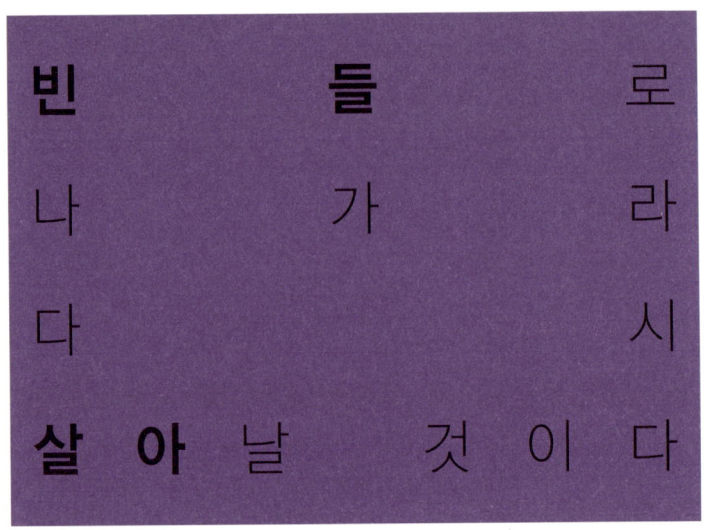

"지금 주린 자는 복이 있나니"
눅 6:21

다윗이 빈들에서 혼자 수금 켜며 찬양하도록 두지 아니하시고 도시 한가운데로 들어가 예배의 단을 세우게 하신 것처럼 당신을 빈들로 불러내신 것은 빈들의 영성으로 도심에 불을 질러야 하기 때문이다. 빈들, 그곳은 당신이 살아나는 곳이다.

■

"왜 너희는 헝그리 정신이 없느냐?"

부모들이 요즘 젊은이들에게 하는 말이다.

"우리는 맨 땅에서 여기까지 올라왔다. 그때는 정말 아무것도 없었다. 그런데 너희들은 이렇게 좋은 시대에 태어나 이렇게 많은 것들을 누리면서 왜 못하느냐? 아니 왜 안 하느냐? 이제 배부른 소리는 그만 해라!"

이런 말을 하는 부모들의 심정을 백분 이해한다. 자녀가 열정과 의욕에 불탔으면 하는 바람인 것이다.

그러나 나도 그 시절을 지내 보고 지금 세대를 살아 보니 알겠다. 대답은 매우 간단하다. 지금의 젊은이들에게는 헝그리 정신이 있을 수 없다. 왜냐면 헝그리하지 않기 때문이다. 헝그리 정신은 헝그리할 때 나오는 것이다. 그러나 지금 세대는 풍족한 세대다. 그러므로 그들에게 헝그리 정신을 요구하는 것 자체가 무리다. 아니 시대착오적 발상이다.

오히려 부모 세대가 열심히 살아서 남겨 준 유산이 문제다. 요즘은 공부해야 할 것이 너무 많아 초딩까지 스펙을 논한다. 먹을 것이 너무 많아 어린이 비만이 급증하고 있다. 놀 것이 너무 많아 오락이 인생의 안방을 차지했으니 주객이 전도된 꼴이다. 그래서 부모 세대는 웰빙Wellbeing을 찾지만 젊은 세대는 힐링Healing이 필요하다. 부모 세대가 헝그리 정신Hungry Spirit이라면 젊은 세대는 상처 난 마음Hurt Mind이다.

그러나 두 세대가 모두 하나님 앞에 서면 같은 마음이다. 둘 다 하나님의 은혜가 필요한 목마른 인생이기 때문이다. 그런데 팔복에서 주님은 이들이 복이 있다고 하신다(마 5:3-12). 왜? 헝그리한 몸이든 상처 난 마음이든 빈 잔을 채우실 분은 오직 주님뿐이기 때문이다.

하나님이 빈들로 불러내신다

그렇다면 몸이 배부른 이 세대는 어떻게 살아야 하는가? 고생을 사서 해야 한다. 스스로 빈들로 나가야 한다. 인생이라는 공은 완전히 밑바닥까지 떨어져야 바닥을 치고 올라오는 법이다. 거기에서부터 인생의 반전 스토리가 시작된다.

성경을 보면 하나님은 사람을 쓰실 때 항상 빈들로 불러내셨다. 도시보다 빈들을 선호하셨다. 다른 것으로 인생을 채울 수 없는 심심한 공터가 언제나 최고의 훈련장이었다. 하나님은 아브라함을 수메르 문명의 중심지인 우르에서 척박한 가나안 땅으로 불러내셨다. 그 땅은 문명의 이기도 없고 토양의 비옥함도 없고 강수량의 풍부함도 없는 형편없는 땅이었다. 다만 목마르게 하나님의 은혜를 구해야만 단비를 맛보고 결실을 기대할 수 있는 땅이었다. 가나안 땅은 그야말로 헝그리 정신으로 살아야 하는 곳이었다.

아브라함은 땅의 결핍을 하늘의 은혜로 채워야 하는 영역으로 들어간 것이다.

　우리도 하나님이 그렇게 부르신다. 하나님은 우리가 하나님의 사람으로 훈련되도록 부르신다. 하나님은 아브라함도 모세도 다윗도 세례 요한도 바울도 빈들로 불러내셨다. 그들은 혹독한 빈들의 시간을 통과하며 하나님의 순전한 도구로 정련되었다. 잊지 말라. 훈련이 끝나야 실전이 온다. 당신도 하나님께 쓰임 받는 인생이 되려면 여지없이 그들의 긴 줄 뒤에 서야 한다.

　그러나 하나님의 훈련소를 뛰쳐나간 사람들도 있다. 그들은 빈들이 두려워 하나님을 떠났다. 도시를 세우고 도시 안에 안주하고 도시를 자랑스러워했다. 가인이 그러했고 니므롯이 그러했고 나오미가 그러했고 느부갓네살이 그러했다.

　당신은 지금 왜 빈들에 있는가? 시대는 부요와 힐링을 논하는데, 당신은 왜 혼자 빈들에 서 있는가? 어느 때보다 경제가 어려워서인가? 가정적인 어려움 때문인가? 아니면 나 자신의 한계 때문인가? 어떤 이유에서든 분명한 한 가지는, 하나님께서 당신을 빈들로 불러내셨다는 사실이다. 그렇다면 빈들에서 도망치려 하지 말라. 다음 시즌은 언제 오냐고 불평하지 말라. 지금 여기서 혹독한 훈련을 마치면 반드시 하산할 날이 온다.

　절대로 하나님은 당신을 야인으로 끝내지 않으신다. 세상에 나가 외치라 하실 때가 온다. 에녹이 300년간 하나님과 데이트만 하도록 하신 것이 아니라 당시 사람들에게 선지자로 외치게 하신 것처럼(유 1:14-15). 모세가 광야에 안주할 즈음 다시 애굽으로 돌아가 바로와 이스라엘 백성에게 외치게 한 것처럼. 다윗이 빈들에서 혼자 수금 켜며 찬양하도록 두지 아니하시고 도시 한가운데로 들어가 예배의 단을 세우게 하신 것처럼. 바울을 아라비아 광야로 불러내어 훈련한 것으로 끝내지 않으시고 도시들을 돌아다니며 복음의 불을 지르게 하신 것처럼. 당신을 빈들로 불러내신 것은 빈들의 영성으로 도심에 불을 질러야 하기 때문이다.

한 가지 더 질문하자. 지금 당신은 세상이 무서워서 빈들로 나왔는가? 아니면 세상을 변화시킬 칼을 갈기 위해 빈들로 나왔는가? 반대로, 도시가 좋아서 도시에 안주하는가? 아니면 이 도시를 뒤집어 놓기 위해 도시로 잠입한 하나님의 에이전트인가?

빈들이기 때문에 망하는 인생이 있고
빈들에서도 뚫고 나오는 인생이 있다.
도시이기 때문에 안일해진 인생이 있고
도시에서도 불을 지르는 인생이 있다.
당신은 어느 쪽인가?

빈들에서 비로소 살아난다

젊은이들이여, 다다익선多多益善을 거부하라. 그것은 헝그리 정신을 가졌던 부모 세대의 모토다. 부유한 이 시대에는 풍요가 아닌 절제가 미덕이다. 너무 먹으면 몸이 병든다. 너무 즐기면 마음이 부패한다. 경제 발전과 성공 신화는 더 이상 우리 인생의 목적이 아니다. 우리는 결핍 속에 부으시는 하나님의 은혜를 다시금 노래하는 세대가 되어야 한다.

물론 나는 결핍을 원하지 않는다고 말하는 젊은이도 있을 것이다. 나는 별로 결핍한 것이 없다고 말하는 사람도 있을 것이다. 그러나 결핍이란 인간에게는 불가피한 것이다. 왜냐면 인간에게는 '절대성의 결여'라는 절대적 결핍이 있기 때문이다. 인간이 아무리 오래 살아도 영생하지는 못한다. 인간이 아무리 높이 올라가도 절대자는 되지 못한다. 인간이 아무리 지혜와 능력을 가졌어도 전지전능할 수는 없다.

인간의 궁극적 결핍은 신이 아니라는 점이다. 그런 점에서 모든 것이 완벽하고 풍족했던 에덴동산에도 한 가지 결핍이 있었다. 바로 선악과다. 선악과는 인간이 넘을 수 없는 선, 하나님이 계시다는 사실을 상기시켜 주는 상징이었다. 하나님은 선악과를 통해 하나님의 은혜로 인생이 완성됨을 알려 주고 싶으셨다. 그러나 속이 꼬인 사탄은 선악과를 통해 인간을 열등하고 결핍된 존재로 부각시키고 싶었다.

그러므로 아담과 하와가 선악과를 먹음으로써 하나님과 같이 되려 한 시도는, 자신들의 결핍을 하나님 없이 해결해 보겠다는 시도였다.

"이 물을 마시는 자마다 다시 목마르려니와" 요 4:13.

선악과를 먹은 이후로 인간은 더욱 목마르게 되었다.

기억하라. 결핍의식에서 열등감이 나온다는 것은 사탄의 거짓말이다. 결핍의 상태는 당신이 절망해야 한다는 소리가 아니라, 당신이 하나님께 소망을 두어야 한다는 메시지다. 결핍의식에서 진정한 은혜의식이 나오는 것이다. 결핍이 없으면 인간은 결코 하나님을 찾지 않을 것이며 하나님을 의지하지 않을 것이다.

"내가 주는 물을 마시는 자는 영원히 목마르지 아니하리니"
요 4:14.

구원의 생수를 마신 인간은 영원히 목마르지 아니하리라.

이제 빈들에 나가는 것을 두려워하지 말라.
분명히 그곳은 목마르고 배고픈 곳이다.
그러나 그곳만큼 하나님의 임재로 충만한 곳은 없다.

결핍에서 모든 경제활동이 시작되듯,
블루오션을 향해 항해할 때 가슴이 뛰듯,
희소성의 원칙에서 가치가 창출되듯,
팔복의 역설이 우리에게 말해 주듯,

이제는 빈들로 나가라.
아니 빈들인 곳을 찾아다니라.

2002년 월드컵 신화를 이룬 히딩크Guss Hiddink 감독이 말했다.
"나는 아직도 배가 고프다."
그는 늘 도전하는 팀에 가서 최고의 팀으로 조련한 뒤 다시 도전팀으로 떠난다. 왜 그런가? 빈들을 찾아다녀야만 자신이 살아난다는 사실을 알기 때문이다.

빈들.
그곳은 당신이 살아나는 곳이다.

원석도 다듬어져야 사용된다.
그러나 다듬어지는 것을
마모된다고 하지 않는다.

다듬어지는 데에는
분명한 의도가 있고
마모되는 데에는
아무런 의도가 없다.

가지치기에는 의도가 있고
부러지는 데에는 의도가 없다.

인생의 비본질을 내려놓음도
인간관계 속에서 자신을 비움도
당신을 부러지게 하는 것이 아니라
당신을 다듬기 위한 것이다.

그 전정가위 뒤로
흐르는 주님의 땀방울을
보라.

PART

02
인생은 닳지 않는다
다듬어질 뿐이다

11.

"먼저 그의 나라와 그의 의를 구하라"
마 6:33

나의 비전은 하나님보다 중요하지 않다. 선교사로 쓰신다더니 왜 목회자로 쓰시냐고 갈등하지 않는다. 또 이러다가 어느 날 땅끝으로 부르시면 가고 싶다. 미래의 비전이 보이든 안 보이든 내 인생의 유일한 비전은 하나님이시기 때문이다. 나는 하나님을 섬기는 것이지 비전을 섬기는 것이 아니다. 비전을 따라가지 말고 오직 하나님만 따라가라.

"당신의 비전은 무엇인가?"

어느 날부터 이 질문은 크리스천들에게 단골 질문이 되었다. 비전이 있는 인생이 된다는 것은 목적이 이끄는 삶을 산다는 것이고, 하나님으로부터 분명한 인생의 청사진을 받았다는 뜻이다. 그러니 비전이 없는 인생은 앞이 보이지 않는 막막한 인생이라는 말이 된다.

비전이 아니라 하나님이 보여야 한다

내게도 하나님께서 동일한 질문을 던지신 적이 있다. 성경번역 선교사가 되고 싶어서 신대원에서 3년간 공부한 뒤였다. 그해 가을 나는 기도하던 중 세미한 하나님의 음성을 들었다.

"상준아, 너의 비전이 무엇이냐?"

"성경번역 선교사입니다."

"왜 그 비전을 갖게 되었지?"

"이 말씀이 죽은 제 인생을 살려 내셨기 때문입니다. 평생 하나님의 말씀을 묵상하며 가르쳐 지키게 하고 싶습니다."

"그래. 그것이 너의 궁극적인 비전이다! 그렇다면 그 일을 다음 세대에게 하는 것도 너의 비전에 포함된다."

나는 그동안 비전은 어떤 구체적인 직업이라고만 생각했다. 그러나 하나님은 좀 더 본질적인 것을 말씀하고 계셨다.

그러던 중 호주 힐송 교회의 브라이언 휴스턴Brian Houston 목사가 쓴 《For This Cause》(역주: 대의를 위하여)라는 책을 보고서 모든 것이 분명해졌다. 그는 비전Vision과 대의Cause를 이렇게 비교한다.

1. 비전은 일시적이다. 그러나 대의는 영원하다.
2. 비전은 멈출 때도 있다. 그러나 대의는 멈추지 않는다.
3. 비전은 변할 때가 있다. 그러나 대의는 변하지 않는다.

비전이 내가 무엇을 할 것인가에 해당한다면, 대의는 내가 왜 존재하는가에 해당한다. 그는 크리스천의 대의를 '주 예수 그리스도와 그의 나라를 위하여!'라고 정의했다. 내가 어떤 비전을 갖고 살던 나는 주 예수 그리스도와 그의 나라를 위하여 존재한다.

나는 선교사라는 비전을 받고 신학대학원에 들어갔다. 그런데 하나님은 선교는 보내지 않고 교회 사역만 시키셨다. 나가려고 할 때마다 하나님은 나를 주저앉히셨다. 나는 혼란스러웠다. 목회는 내 비전이 아니라고 생각했다. 그러나 하나님은 시간이 갈수록 분명히 깨닫게 하셨다. 내가 비전에 헌신한 것이 아니라 하나님께 헌신한 것임을. 그리고 무엇을 하겠다는 것보다 중요한 것은 주님을 섬기는 것임을. 그러니 선교를 가든 목회를 하든, 청소년 사역을 하든 성인 사역을 하든, 심지어 안식년으로 쉴지라도, 나의 존재 이유는 변하지 않는 것이다.

사람들은 비전을 따라가다가 길이 막히거나 바뀌면 당황스러워 한다. 내가 잘못 들었는가 싶다. 하나님의 착오였나 싶다. 아니다. 비전은 가변적이다. 이스라엘에 3년 가뭄이 들었을 때 엘리야가 받은 비전은 이스라엘의 신앙을 회복하는 것이었다. 그리고 그 비전은 갈멜산의 승리를 통해 성취되었다. 그러나 여전히 이세벨이 날뛰자 엘리야는 허무해졌다. 그때 하나님은 그를 회복하셔서 새로운 비전을 주신다. 그렇다. 비전에만 매달린 사람은 혼란스러워질 때가 있다. 그러나 비전을 주시는 하나님을 따라온 사람은 어떤 상황에서도 흔들리지 않는다. 길이 끊어져도 비전이 사라져도 그분은 거기 계시기 때문이다.

30대 중반에 나는 캐나다 밴쿠버에 있었다. 매년 한두 차례 한국에 올 일이 있었다. 그때마다 '지금 나는 잘 가고 있는가?'라는 질문을 하게 되었다. "이제 해외 유학을 가겠다", "이제는 단독 목회를 하겠다" 등 동기 목회자들이 뭔가를 해야 한다고 생각하던 때였기 때문이다. 그들에 비해 나는 지구 반대편 한구석에서 아무 생각 없이 사역만 꾸역꾸역 하고 있는 것 같았다. 다들 비전을 찾아가는데 나만 정체되어 있는 것처럼 보였다.

그러나 나는 흔들리지 않았다. 왜냐하면 비전은 대의에서 나온다는 사실을 알았기 때문이다. 부르심의 자리에서 충성을 다하면 주님은 늘 주님의 때에 나를 인도하셨다. 비전은 내가 만들어 내는 것이 아니기에 언제든 그분이 보여 주시면 따라가기만 하면 되었다. 교육전도사가 되었을 때도, 두란노 천만큐티 사역을 시작할 때도, 청년 사역을 할 때도, 밴쿠버에서 돌아왔을 때도, 그분은 부르셨고 나는 순종하였다. 그분은 비전을 주셨고 나는 비전을 주신 주님께 언제나 "예"라고 답했다. 그것은 비전을 따라온 인생이 아니라 주님을 따라온 인생이었다.

그래서 나의 비전은 하나님보다 중요하지 않다. 선교사로 쓰신다더니 왜 목회자로 쓰시냐고 갈등하지 않는다. 또 이러다가 어느 날 땅 끝으로 부르시면 따라 갈 것이다. 미래의 비전이 보이든 안 보이든 내 인생의 유일한 비전은 하나님이시기 때문이다. 나는 하나님을 섬기는 것이지 비전을 섬기는 것이 아니다.

캐나다 밴쿠버로 부름을 받고 갈 때 주변 사람들이 질문했다. "선교사로 간다더니 그렇게 살기 좋은 데는 왜 가는가?" 당신 변질된 거 아니냐는 걱정 어린 질문들이었다. 그래서 나는 대답했다. "그냥 하나님이 가라고 하셔서 갑니다." 그리고 밴쿠버에서 하나님의 나라를 세우기 위해 정말 목숨 걸고 살았다. 하나님은 부흥을 주셨고 교회 간에 연합을 주셨고 송이꿀보다 더 달콤한 하나님의 은혜를 체험케 하셨다.

사람들은 어디에서 무엇을 하느냐를 중요하게 생각한다. 그러나 그런 것은 본질이 아니다. 진정 중요한 것은 어디에서 무엇을 하든 '내가 누군가'이다. 내가 진정 하나님의 사람으로 그 자리에 서 있는가 이다. 그래서 나는 특별히 무엇을 하겠다는 계획이 없다. 하나님이 시키는 대로 하고 싶을 뿐이다. 가라 하면 가고 오라 하면 오고 멈추라 하면 멈추면 된다. 그저 그분의 계획이 이루어지기만 하면 된다. 그래서 무계획이 계획이다. 심플해서 마음도 편하다. 그러니 무슨 일을 시작하고 마치는 데에 별 갈등이 없다. 시작도 마침도 그분께 있기 때문이다.

비전이 아니라 대의를 따르라

한번은 중요한 프로젝트의 기획서를 작성한 적이 있다. 두 주일 동안 모든 일을 전폐하고 기획서 작성에 몰두했다. 그런데 기획서는 발표하지도 못하고 쓰레기통에 던져졌다. 프로젝트 자체가 무산됐기 때문이다. 예전 같으면 어떻게 이렇게 말도 안 되는 일이 일어날 수 있느냐고 했을 것이다! 그러나 이제는 다르다. 일에 헌신한 것이 아니라 주님께 헌신한 것이니 나는 시간 낭비나 헛수고를 한 것이 아니었다. 나의 헌신은 이미 주님이 기뻐 받으셨음을 믿는다.

청년들이여, 비전이 보여 헌신했는데 결과가 없어서 낙심한 적이 있는가? 낙심하지 말라. 그 순간에도 하나님은 이미 당신의 헌신을 받으셨다. 그리고 당신의 헌신을 기억하고 계신다. 그리고 어느 날 그 헌신을 기억하시는 주님께서 당신을 믿고 부르실 것이다. 그날 당신은 자신이 지난 날 시간 낭비를 한 것이 아니라 본질의 훈련을 받은 것임을 알게 될 것이다. 비전이 끊기는 자리에서 포기하지 말라. 그 순간에도 대의는 변함이 없다. 비전이 사라진다고 당신도 사라지면, 당신은 본질이 없는 사람이 되고 만다.

수많은 크리스천들이 비전을 찾고 싶어 한다.

역시 당신도 비전을 찾고 있다면 무엇 때문인가?
하나님 때문인가? 아니면 내 자리를 찾고 싶은 것인가?
무슨 일이든 시켜만 주시면 헌신하겠다는 고백인가?
아니면 빨리 내 미래를 보장해 달라는 요구인가?

하나님이 주시는 비전을 붙들지 말고 비전을 주시는 하나님을 붙들라. 론 케놀리Ron Kenoly의 앨범 〈Majesty〉에는 'I bow my knee'라는 곡이 있다. 거기에 이런 가사가 나온다.

"I seek the Giver, not the gift(나는 선물이 아니라 당신을 구합니다).″

하나님을 신뢰하면 길이 보이지 않는 것 같아도 발을 내딛게 된다. 그러면 길이 열린다. 요단 강을 건널 때 물이 갈라진 뒤 건넌 것이 아니다. 제사장들이 물 위로 발을 내딛자 물이 갈라졌다! 때로 하나님이 주신 비전이 죽을 길로 보일 때가 있다. 그때 비전만 외친 사람은 멈추게 되고 돌아서게 된다. 그러나 비전보다 비전을 주시는 하나님을 붙드는 사람은 발을 내딛는다. 그러면 길이 열리는 것이다.

언젠가 두 청년이 내게 개인적으로 비전에 관해 질문했다. 어떻게 해야 할지 모르겠다는 것이다. 하나님이 주신 비전이 무엇이냐고 물어보았다. 그랬더니 두 사람 모두 7년 전과 10년 전부터 선교사로 부르셨는데 전혀 그럴 상황이 아니라고 했다. 나는 그들에게 반문했다. "당장 장기로 나가지 않더라도, 반년이든 단 한 달이라도 부르심에 순종해서 선교지에 나가세요. 지난 7년과 10년 동안 도대체 아무것도 안 하고 무엇을 했나요?" 그러니 앞에 놓여 있는 요단 강은 요지부동

열릴 리가 없다. 그리고 약속의 땅은 그림의 떡일 뿐이다.

당신은 하나님께 어떤 비전을 구하고 있는가? 비전이 어느새 우리에게 장밋빛 미래를 보장하는 청사진으로 변질되지 않았는가? 비전이 어느새 미래를 보장하는 노후대책 보험이 되지 않았는가? 비전을 수없이 말하지만 감동이 사라진 이유가 여기에 있다.

청년들이여, 비전을 따라가지 말라. 대의를 따라가라. 비전을 따라가다가 길이 끊겼다면 비전을 내려놓고 대의를 따라가라. 비전이 지도라면 대의는 나침반이다. 인생이 지도 밖으로 펼쳐질 때는 그저 나침반 하나 들고 가는 것이다. 그분이 가리키는 방향 하나만 보고 가는 것이다.

본질의 힘을 키우라. 비전보다 본질적인 것이 대의다. 본질에 뿌리를 내린 사람은 평생을 지치지 않고 갈 것이다.

> "살든지 죽든지 내 몸에서 그리스도가 존귀하게 되게 하려 하나니" 빌 1:20.

평생을 달려갔던 사도 바울의 고백이다. 이제는 단 하나의 초점이다.

오직 예수.
오직 예수.
오직 예수.

비전을 따라가지 말고 오직 그분을 따라가라.

12. 오늘이 인생의 마지막 날이라 면

"천하만사가 다 때가 있나니"
전 3:1

대학에만 가면, 직장에만 가면, 결혼만 하면, 돈만 벌면…. 언제까지 내일만 노래하겠는가? 인생의 프라임 타임은 어느 날 꿈결같이 찾아오는 것이 아니라 오늘 이미 당신 곁에 있다. 미루지 말라. 오늘 선택하라. 오늘 결정하라. 오늘이 당신의 인생을 바꿀 바로 그날이다.

〈내일을 향해 쏴라〉Butch Cassidy And The Sundance Kid, 1969.

1969년에 나온 이 영화의 백미는 마지막 장면이다. 주인공 부치와 선댄스는 미국 서부 시대의 전문적인 은행 강도들이다. 그들은 경찰에 쫓겨 볼리비아까지 도망간다. 그러나 군대까지 동원된 추격으로 궁지에 몰린 두 사람은 "다음에는 호주로 가자"는 말을 나눈 뒤 권총을 들고 밖으로 뛰쳐나간다. 순간 그들에게 퍼부어지는 총탄 소리와 함께 영화는 정지 화면으로 막을 내린다. 그들은 내일을 꿈꿨으나 그들이 꿈꾸던 내일은 없었다.

우리도 내일이 오면 행복해질 것이라고 얼마나 숱한 날들을 기다렸던가.

고교생 때는 대학만 가면 행복할 것이라 생각했다.
졸업반 때는 취직만 되면 행복할 것이라 생각했다.
싱글일 때는 결혼만 하면 행복할 것이라 생각했다.
가난할 때는 부자만 되면 행복할 것이라 생각했다.

그런데 정말 행복하던가? 행복의 파랑새는 요원하기만 하다. 쉬 잡히질 않는다. 티르티르와 미티르가 쫓아다닌 행복의 파랑새가 결국 어디에 있었는가? 자기 집 새장에 있지 않았던가. 당신이 좇는 그것은 미래의 어디에 있는 것이 아니라 바로 지금 당신 안에 있다. 내일이라는 시간은 이미 오늘 당신에게 주어져 있다. 오늘은 당신이 어제 꿈꿔 오던 내일이기 때문이다. 속지 말라. 오늘이 내일이다. 내일이 오늘이 되고 나면 다시 오늘일 뿐이다. 아직 오지 않은 내일을 위해 바로 내 곁에 있는 오늘을 허비하지 말라.

오늘을 잡아라

인생은 오늘 하루를 사는 것이다. 어제는 이미 지나갔고 내일은 아직 오지 않았다. 우리는 끊임없이 과거를 추억하고 미래를 기대하지만 바로 지금 이 순간을 산다. 이 순간은 매 순간 처음이고 매 순간 마지막이다. 강물을 물끄러미 쳐다보노라면 물결이 제자리에서 오르락내리락하는 것 같다. 그러나 실제 물은 끊임없이 상류에서 하류로 흘러가고 있다. 바로 이 지점을 지나서! 그렇게 인생의 시간은 과거에서 미래로 흘러가고 있다. 바로 이 순간을 지나서!

그러므로 오늘 이 순간은 갓 볶은 커피향처럼 신선한 첫 시간이며, 오늘 이 순간은 자리를 뜰 수 없는 영화의 엔딩 장면처럼 소중한 마지막 순간이다. 이것이 오늘의 소중함이다. 오늘은 어제 죽어 가던 사람이 그토록 살고 싶던 내일이다. 그러므로 "너는 내일 일을 자랑하지 말라"(잠 27:1). 또한 "내일 일을 위하여 염려하지 말라"(마 6:34). 왜 그런가? "내일 일을 너희가 알지 못하는도다"(약 4:14).

그렇다. 인생은 지금 현재가 아름답다. 꽃도 만개滿開했을 때 최고로 아름답고 인생도 젊은 날 최고로 아름답다. 정작 젊은이들은 진로와 결혼과 외모 문제로 고민이 많지만, 어른들은 말한다. "젊다는 것만으로도 아름답다." 그렇다. 인생은 순간의 미학이다. 순간이기에 더 소중하다. 다시는 돌아오지 않는, 다시는 주어지지 않는, 보석 같은 기회이기 때문이다.

'까르페 디엠'Carpe Diem은 '오늘을 잡으라'는 말이다. 영화 〈죽은 시인의 사회〉Dead Poets Society, 1989에서 나오는 말로 오늘이라는 기회를 잡으라는 뜻이다. 미국의 명문 사립고 웰튼에 새 영어선생 키팅이 부임한다. 그는 학생들에게 '까르페 디엠'을 역설한다. 오늘이라는 시간은 흘러가면 다시는 돌아오지 않는다는 것이다. 대학 진학이라는 미래를 위해 오늘을 죽음처럼 지내던 학생들이 그의 말을 듣고 인생의 의미를 새롭게 깨닫게 된다.

그렇다. 인생은 지금 이 시간이 가장 소중하다. 나는 대학 2학년의 어느 날 이 사실을 절실히 느꼈다. 창백한 대학 강의실 안에서 18세기 낭만파 시인들의 시를 배우던 그날, 고개를 들어 보니 창살 너머 캠퍼스에는 따사로운 봄 햇살이 솜털처럼 내려앉아 있었다. 교수님은 낭만적인 시들을 도마 위에 올려놓고 잘게 토막 내고 계셨다. 나는 순간 머리가 핑 돌며 가슴이 답답해졌다. 지금 이 순간이 아니면 저 햇살을 언제 또 맞을 수 있을까?

우리 인생살이가 그렇다. 낭만시를 공부하기 위해 인생의 낭만을 포기하며 사는 것이다. 더 나은 내일을 위해 소중한 오늘을 묵살하며 산다. 남편들은 "우리 가정의 더 나은 내일을 위하여"라고 말하며 야근에 회식에 밤거리를 헤매지만, 아내들은 밤새워 기다리다 지치고 아이들은 전화기에 매달리다 지쳐 잠이 든다. 그러다 보면 아내는 남편보다 남편이 벌어다 주는 돈에 친숙해지고 아이들은 아빠보다 아빠가 사준 게임기에 친밀해진다. 그러곤 어느 날 아빠가 퇴직하고 집에 돌아오면 아무도 그를 반기지 않는다. 과거의 오늘이던 어제 그가 여기에 없었기에, 어제의 내일인 오늘 그는 달갑지 않은 존재가 된 것이다. 결국 한국 남자들이 어제 외쳤던 '더 나은 내일'은 오늘 여기 존재하지 않게 된다.

그래서 오늘이라는 시간이 너무나 소중하다. 오늘의 유효기간이 다 지나도록 세월을 보낼 수 없기에, 누군가는 오늘에 대해 이런 제안을 했다.

"어떤 것도 특별한 날을 위해 아껴 두지 말라. 당신이 살아가는 모든 날이 특별한 날이기 때문이다. 가족과 친구들과 더 많은 시간을 함께하라. 사랑하는 사람들과 좋아하는 음식을 먹으라. 소중한 장소들과 꿈에 그리던 곳들에 가 보라. 내일을 위해 아껴 두던 것들을 오늘 바로 사용하라. 당신의 인생 사전에서 '조만간', '곧 언젠가' 또는 '돈을 많이 벌면' 따위의 표현들을 삭제하라. 가족과 친구들에게 내가 얼마나 그들을 사랑하고 그들에게 고마워하는지 말해 주라. 당신의 인생에든 그 누구의 인생에든 웃음과 행복을 줄 수 있는 일이라면, 내일로 미루지 말라. 매일 매시 매분이 특별하기 때문이다."[4]

---

[4] "Tomorrow, today, right now…." 라는 글에서 발췌한 내용.

10년 전 알게 된 자매가 있다. 당시 그녀는 40대 싱글로 외국계 회사 임원이었다. 어느 날 그녀가 암 진단을 받는다. 그녀는 암을 치료하기 위해서 병원도 찾고 기도원도 가고 치유사역자들도 만났다. 그러나 그녀는 희망과 절망 사이를 오가야 했다. 기도할 때는 희망이 보였지만 몸은 갈수록 악화되었기 때문이다. 어느 날 나는 꼭 할 이야기가 있어서 그녀를 만났다. 그러나 도저히 입을 뗄 수가 없었다. 그날 하지 못한 말은 이것이었다.

"아직 시간이 있을 때, 아직 여기 있을 때, 오늘 꼭 하고 싶은 일을 하고 오늘 꼭 하고 싶은 이야기를 하라."

그러나 차마 목사로서 그 말을 해 주지 못했다. 목사가 떠날 준비를 하라고 하면 믿음 없는 소리로 받아들일 테니까. 그녀는 그렇게 그녀에게 주어진 1년여의 시간 동안 몸부림을 치다가 떠났다. 이후로 나는 그 말을 못한 것이 늘 묵직한 바위처럼 마음 한가운데에 걸려 있었다.

밴쿠버에서 어느 날 새벽예배를 마치고 단에서 내려오는데 처음 보는 분이 내 옷소매를 잡았다. 남편이 암으로 사형선고를 받았는데 치유를 위해 기도해 달라고 했다. 두 사람의 얼굴은 절박했다. 그들은 치유받기 위해 안 다닌 곳이 없었다. 나는 짧지만 간절히 치유를 위해 기도했다. 그리고는 말했다. "오늘을 소중하게 사십시오. 기도하는 것도 중요하지만, 오늘 아내와 자식들에게 사랑을 고백하고 표현하십시오." 그들은 갑자기 무슨 말을 하는지 이해가 안 된다는 표정이었다. 그러나 나는 가장 중요한 이야기를 그들에게 해 주고 있었다.

오늘을 인생의 마지막 날처럼

밴쿠버에서 늘 수줍은 얼굴로 아동부 교사를 열심히 섬기던 자매가 있었다. 그런데 한국에 돌아오자마자 갑자기 위암 진단을 받았다. 그것도 몇 달 남지 않았다는 판정이었다. 나는 자매에게 전화해서 소원을 물어보았다. "오늘 가장 하고 싶은 게 무엇이니?", "성전에 가서 마음껏 찬양하고 예배드리고 싶어요.", "그래."

나는 다른 일정들을 다 접고 병원으로 달려갔다. 자매에게 그날의 오늘은 천 년같이 소중한 시간이기 때문이었다. 오후 내내 병실에서 자매와 함께 찬양하고 기도하고 말씀을 읽으며 행복한 미니 예배를 드렸다. 다시는 성전에 갈 수 없다면 오늘 병실을 성전 삼아 예배하는 것이 최선이니까.

얼마 전 일산에 계신 한 장로님이 암으로 투병 중이라는 소식을 들었다. 나는 이미 너무나 소중한 사람들을 많이 보낸 뒤였다. 달려가서 함께 예배드리며 권면했다.

"장로님, 오늘 하루를 사셔야 해요. 물론 치유를 위해 기도하셔야죠. 하지만 10년, 20년 서로 싸우며 사는 것보다 1년이라도 1개월이라도 아니 단 하루라도 사랑하며 축복하며 사는 것, 그것이 가치 있는 인생입니다. '내일이 오면 예배하겠습니다. 내일이 오면 헌신하겠습니다. 내일을 주시면 주님 섬기겠습니다'라고 말하지 마십시오. 오늘 아직 기운이 있을 때 찬양하십시오. 오늘 아직 기회가 있을 때 가족에게 사랑한다고 고마웠다고 미안하다고 고백하십시오. 오늘 아직 생명이 있을 때 헌신하며 사십시오."

그리고는 오랜만에 장로님 가족과 함께 외출을 하고 식사를 했다. 우리는 그날 많이 웃고 많이 이야기하고 많이 행복해했다.

19세기 초 프랑스에서 태어난 루이 브라유Louis Braille는 네 살 때 공구를 갖고 장난을 치다가 눈이 찔려 실명했다. 당시 맹인은 교육받을 기회조차 박탈된 채 살아야 했다. 점자체계가 어려워서 거의 점자책이 없다시피 하던 시대였다. 그러나 맹인학교에 들어간 어린 브라유는 맹인들도 책을 읽을 수 있도록 쉬운 점자체계를 만들겠다는 일념으로 숱한 밤을 새우며 연구에 몰두했다. 실용성이 떨어지는 기존의 점자체계를 고수하는 사회의 편견에도 굴하지 않고 결국 브라유는 열여섯 살에 오늘날의 점자체계를 발명해 냈다. 그는 이후 맹인학교의 교사로 헌신하다가 과로가 겹쳐 43세에 폐렴으로 세상을 떠나게 되었다. 그는 마지막 순간에 친구들에게 "나는 이 땅에서 내가 할 일을 모두 이루었다네"고 말했다.

젊은 시절을 불태워 가치 있는 인생을 산 청년 브라유를 두고 그의 인생은 불행했다고 말할 사람이 누가 있겠는가? 그는 자신이 하고 싶은 일을 했고 자신만이 할 수 있는 일을 했다. 그리고 그로 인해 수많은 영혼을 살리는 가치 있는 삶을 살았다. 그가 맹인이어서, 짧은 생을 마감했다고 해서 어찌 그가 불행한 인생이었다고 말할 수 있겠는가?

성경을 보면 히스기야 왕이 하나님께 생명 연장을 간절히 구하여 응답을 받는다. 얼마나 좋을까! 얼마나 복될까! 그러나 그는 생명이 연장되자마자 죄를 짓고 만다. 평생 거룩하고 겸손하게 살던 그가 "이제 올라오라"는 주님의 말씀을 거역하고 생명을 연장한 결과는 부끄러운 것이었다. 과연 진정한 복은 무엇일까? 내일을 얻는 것일까? 아니면 오늘을 참되게 사는 것일까? 청년들이여, 내일을 달라고 조르기보다 오늘을 살겠노라고 기도하라.

나는 고1 때 중고등부 수련회를 갔다. 수련회 마지막 날 특별한 프로그램을 진행했는데 오늘이 내 인생의 마지막 날이라고 생각하고 유언을 남기라는 것이었다. 학생부 회장이던 나는 자랑스럽게 나의 마지막 다짐을 발표했다.

"오늘이 마지막이라면, 늘 불평하던 부모님께 감사하다고, 늘 싸우던 형들에게 사랑한다고 말하겠습니다. 내가 모아 둔 찬양 테이프들을 찬양팀원들에게 다 나눠 주겠습니다. 그리고 한 대뿐인 소중한 자전거를 소중한 후배에게 선물로 주겠습니다…."

우리의 발표가 있은 후 전도사님이 말씀하셨다.

"누군가 존 웨슬리John Wesley에게 동일한 질문을 하자 그는 이렇게 대답했단다. '오늘이 마지막 날이라면, 나는 어제처럼 오늘을 살 것입니다.'"

그 말을 듣는 순간 충격이었다. 그는 이미 하루하루를 마지막 날처럼 살고 있었던 것이다!

일본의 신학자 우찌무라 간조는 "일일일생"一日一生이라 했다. 하루가 한 번의 인생이라는 것이다. 우리는 날마다 깨어나고 활동하고 잠

들며 탄생과 죽음을 반복해서 연습한다. 인생은 오늘 하루다. 오늘 사랑하라. 오늘 사랑할 수 없다면 평생 사랑할 수 없다. 오늘 헌신하라. 오늘 사명감 없이 산다면 평생 방황할 것이다.

"내일이 오면"이라고 말하지 말라. 대학에만 가면 신앙생활 열심히 하겠습니다! 직장에만 가면 열심히 하나님 섬기겠습니다! 결혼만 하면! 돈만 벌면! 자식이 대학만 가면!

언제까지 내일만 노래하겠는가?
꿈꾸지 말라는 것이 아니다.
오늘 그토록 꿈꾸던 삶을 살라는 것이다.

인생의 프라임 타임은
어느 날 꿈결같이 찾아오는 것이 아니라
오늘 이미 당신 곁에 찾아와 있다.

청년이여,
오늘을 살겠는가? 내일을 기다리겠는가?
내일은 오늘의 가명이요 별명일 뿐이다.
미루지 말라.
오늘 선택하라.
오늘 결정하라.
오늘이 당신의 인생을 바꿀 바로 그날이다.

13.

> "네가 적은 일에 충성하였으매 내가 많은 것을 네게 맡기리니"
> 마 25:21

하나님이 맡겨 주신 일은 사소해서 기분 나쁜 일도 없고 어려워서 감당 못할 일도 없다. 오히려 사소할수록 소중하고 어려울수록 감격스럽다. 소중하지 않고서야 하나님이 사소한 일을 맡기시겠는가. 당신을 신뢰하지 않고서야 그 어려운 일을 맡기시겠는가. 청년들이여, 젊은 날에 디테일을 포기하면 스케일도 없다.

신속 정확! 어디에서 이 말을 많이 들어 보았는가? 그렇다. 퀵 서비스! 그러나 나는 이 말이 현대 사회의 모토라 해도 손색이 없다고 본다. 현대 문명은 더 빠르게, 더 정밀하게 가고 있기 때문이다. 그래서 젊은이들은 날마다 더 스릴 있는 인생을 즐기고 날마다 더 정교한 하이테크를 누리고 있다.

조금씩 꾸준히!

그렇다면 한 가지 질문을 하자. 신속해지면 정확해질까? 아니면 정확해지면 신속해질까? 당연히 후자다. 아무리 마음이 급해도 정확도가 올라가야 가속도가 붙는다. 그래서 신속 정확은 순서가 틀린 말이다. 정확 신속이다. 정확하게 반복하는 것이 대충 빨리 하는 것보다 결국에는 더 빠르다. 더 지혜롭다. 더 많은 일을 하게 된다.

그러나 사람의 마음은 늘 급하다. 그래서 언제나 '빠르게'가 먼저 튀어나온다. 피 끓는 젊은이들은 더 그렇다. 어서 빨리 성공하고 싶다. 어서 빨리 승진하고 싶다. 어서 빨리 인생의 속도를 올리고 싶다. 그러다 보니 디테일을 생략한 채 스케일을 찾는 경우가 많다.

그러나 인생에는 계단의 법칙이 있다. 한 단을 밟아야 그 다음 단에 오를 힘이 생기는 법이다. 높은 단에 오르고 싶다면 시간이 걸려도 낮은 단에 발을 밀착시켜야 한다. 마음만 급해서 발을 헛디디면 다음 단에 오르기는커녕 엎어지고 만다. 천천히 디테일의 정확도를 높이면 스케일은 저절로 따라온다. 원하지 않아도 찾아온다. 젊은이들이여, 걱정하지 말고 디테일에 올인해 보라. 결코 후회하지 않을 것이다. 아니 엄청나게 고마워하게 될 것이다.

누구나 급하게 움직이다가 단추를 잘못 꿰거나 책상 모서리에 부딪혀 본 경험이 있을 것이다. 그래서 '급할수록 천천히'다. 걸음마를 배우는 아기도 한 걸음부터다. 인생의 걸음마도 마찬가지다. 언젠가는 성큼성큼 걷고 바람처럼 달릴 것이다. 그러나 지금은 한 걸음부터다.

청년들이여, 몸의 속도를 조절하는 것보다 마음의 속도를 조절하는 법을 배우라. 마음의 완급을 조절하라. 속도부터 올리다가 사고 나면 후회막심이다. 조금씩 꾸준히 가자.

오늘은 디테일을 키워야 할 때

카투사로 군 복무할 때였다. 내가 있던 미군 군악대는 대부분 고학력자들이었는데도 거의 독타(독수리 타법)였다. 사람들이 내게 무슨 악기를 하냐고 질문하면, 나는 농담 삼아 '키보드!'라고 대답했다. 부서 내 문서작업 타이핑을 거의 도맡아 했기 때문이다. 미군들의 문서작업을 가져다가 분당 500타 이상으로 순식간에 쳐 주면 그들은 "땡큐!", "어메이징!"을 연발했다.

하지만 내게도 눈물겨운 시간이 있었다. 대부분 손으로 리포트를 내던 대학 시절에 굳이 컴퓨터로 작성하겠다고 자주 밤을 새웠기 때문이다. 불필요한 고집이었다. 남들은 1시간이면 쓸 리포트를 나는 4~5시간이 걸렸으니까. 너무 느렸다. 그러나 정확도와 속도가 붙으면서 2년 만에 상황은 역전되었다. 그리고 나보다 컴퓨터를 훨씬 먼저부터 접한 미국인들도 도와줄 수 있었다.

청년들이여, 오늘은 밤을 새우며 디테일을 키우자. 그대 아직 젊지 않은가. 그러면 내일은 넉넉하게 축복의 통로가 되리라.

오늘 디테일에 투자한 사람은 절대로 내일 후회하지 않는다. 아니, 하나님께서 작은 일에 충성한 그를 결코 실망시키지 않으신다. 오늘은 디테일을 선택하라. 아주 작은 것에서부터 시작하라. 예선이 있어야 본선이 있는 법이다. 자동차도 저단부터 서서히 올라가는 법이다. 터보 엔진 좋아하지 말라. 어느 날 급발진이 되는 수가 있다. 성급하게 스케일로 가지 말라. 디테일 없이 스케일로 갔다가 실패하면 정말 낭패다.

내게 디테일의 소중함을 가르쳐 준 것은 단연 번역 일이었다. 영어 과외를 해서 쉽게 용돈을 벌 수 있었지만, 왠지 그러면 안 될 것 같았다. 그래서 무턱대고 출판사들에 전화해서 번역 일을 시켜 달라고 졸랐다. 그렇게 시작하게 된 첫 번째 번역이 두란노 신앙인물 시리즈 중 하나인 《D.L.무디》(두란노, 1997)였다. 무려 700쪽에 달하는, 요즘 같으면 거의 1,000쪽에 달하는 책이었다.

무심코 덤벼든 번역은 거의 초등학생이 에베레스트 산에 기어오르는 수준이었다. 단어 하나 문장 하나에 머리를 싸매고 숙고를 거듭했다. 장장 9개월이 걸렸다. 다시 번역을 하면 내 손에 장을 지진다고 생각했다. 그러나 지금은 15권이나 번역했다. 내가 번역한 책이 기독교 베스트셀러가 되기도 했다. 이제는 다른 일 안 하고 번역만 하면 일주일이면 끝낼 수 있다. 거의 1년 걸리던 번역이 엄청난 속도가 붙었다. 어떻게? 왕초보일 때 엉성한 티 내지 않으려고 코피 쏟으며 정성에 정성을 다했기 때문이다.

요즘 젊은이들에게 안타까운 부분이 있다. 자기가 맡은 부분에 밤을 새우며 디테일을 키우는 열정이 있어야 하는데, 벌써 시간 관리하고 인생의 균형부터 잡으려고 한다. 그러기에는 너무 이른 나이다. 지금 서 있는 자리에서 수원水源에 이르기까지 파고 들어가는 집중력이 필요하다. 한번 수원이 터지고 나면 온 땅을 적실 수 있다! 청년들이여, 10대 20대에 자기 인생이 너무 느리다고 포기하지 말라. 원래 그렇게 시작하는 것이다. 느려도 디테일을 포기하지 않는 사람만이 결국 전문가가 된다. 그리고 한 분야에 전문가Specialist가 되어야 모든 분야에 응용할 수 있는 만능인Generalist이 되는 법이다.

생각해 보라. 생물학에서 어떤 논문에 박사학위를 주는가? 가령, '모기의 후각 사용에 관한 연구'라는 주제의 논문 하나로 생물학 박사학위를 받는다. 그러나 그렇게 작은 주제일지라도 그 문제를 깊이 연구할 수 있는 사람이라면 생물학의 어떤 분야를 연구해도 그런 깊이와 식견을 가질 수 있다고 신뢰하기 때문에, 학위를 주는 것이다. 스페셜리스트가 되지 않고도 제너럴리스트가 되는 일은 없다. 물론 만담가나 잡학박사는 예외겠지만.

작은 일에 충성하는 태도를 익히는 데 교회 사역만큼 좋은 것이 없다. 자막 봉사, 안내팀, 주차팀, 의자 줄 맞추기, 주방 봉사 등 무엇이든 정성을 다해 보라. 열일곱 살의 요셉이 그런 작은 일에 열심히 하다가 가정총무가 되고 대국 이집트의 총리대신이 되었다. 10대 다윗이 아무도 안 보는 들판에서 열심히 양치기 하다가 한 나라의 왕이 되었다. 이게 다 옛날얘기에 불과한가? 아니다. 이것은 고금을 막론한 진리다.

세계적인 예배 인도자 달린 책$_{Darlene Zschech}$이 예배 사역자 세미나에서 한 말이 있다. "좋은 예배 인도자가 되려면 작은 것에 노력하라. 옷을 단정하게 입고, 시간을 지키고, 좋은 언어를 사용하고, 맡은 일에 성실하라." 그렇게 반복하다 보면 자신의 은사를 발견하게 될 것이다. 그리고 그 은사가 폭발적으로 드러나는 날, 하나님의 기름 부으심의 역사가 나타날 것이다. 당신은 누군가가 일을 맡길 때 어떻게 반응하는가?

"이렇게 사소한 일을 나한테 시키다니 난 못해."
"이렇게 어려운 일을 나한테 맡기다니 난 못해."

아니다. 하나님이 맡겨 주신 일은 사소해서 기분 나쁜 일도 없고 어려워서 감당 못할 일도 없다. 오히려 사소할수록 소중하고 어려울수록 감격스럽다. 소중하지 않고서야 하나님이 사소한 일을 맡기시겠는가. 당신을 신뢰하지 않고서야 그 어려운 일을 맡기시겠는가. 청년들이여, 젊은 날에 디테일을 포기하면 스케일도 없다.

  신속 정확은 두 마리 토끼가 아니다.

  정확이라는 토끼 한 마리를 좇으면

토끼들의 집단 서식지로 인도될 것이다.

디테일의 파도 한 너울 한 너울을 좇다 보면

스케일이라는 거대한 해일 앞에 서게 될 것이다.

어느 날 하나님이 당신을 그렇게 사용하실 것이다!

청년들이여,
오늘은 밤을 새우며 디테일을 키우자.
그대 아직 젊지 않은가.
그러면 내일은 넉넉하게 축복의 통로가 되리라.

14.

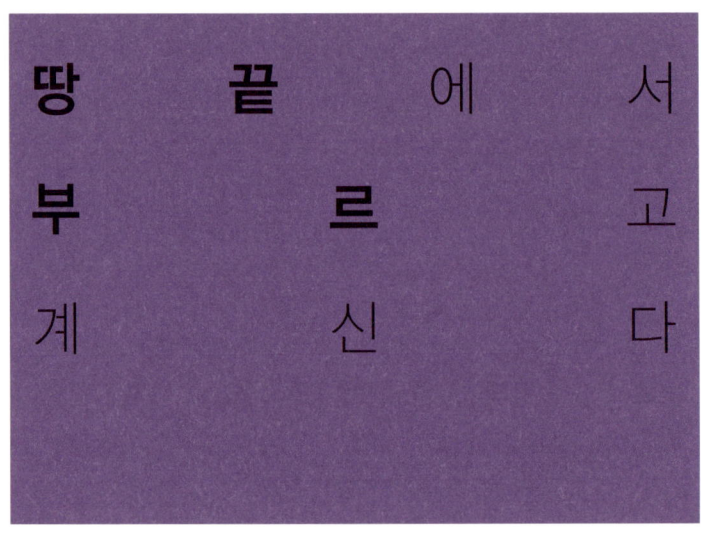

땅끝에서고
부르고
계신다

"네 소유가 땅끝까지 이르리로다"
시 2:8

답답한 당신, 떠나라! 땅끝 여행을 시도하라! 화려한 도시들과 나라들, 볼거리와 먹거리와 놀거리로 가득한 세상 여행은 이제 그만하고, 땀 냄새와 눈물 자국이 있는 마을들과 민족들, 도시 빈민들이 사는 땅끝과 삼천리 금수강산 구석구석에 박혀 있는 오지로 가라. 당신의 육감이 아니라 당신의 영감을 자극하고 회복할 곳으로 떠나라. 사명으로 충만한 여행을 떠나라.

"여행은 마귀가 우리를 유혹하는 특별한 기회다."

조지 뮐러George Muller는 왜 이런 말을 했을까? 그것은 여행 때문이 아니라 여행을 떠나는 사람 때문이다. 종종 여행객들은 여행을 떠난 것인데 자신을 떠난 것으로 착각한다. 그래서 객지에 가면 객기가 발동된다. 나를 모르는 사람들 사이에서 생기는 익명성 때문에 마치 투명 외투를 입은 사람처럼 행동한다. 그리고 무책임한 호기심의 발동으로 유혹의 늪에 빠져 영혼과 육체를 소진한다.

2010년 동계올림픽이 열린 캐나다 밴쿠버는 세계에서 가장 아름다운 도시 1위, 천당 밑의 999당이라는 닉네임을 가진 도시다. 그래서 캐나다 사람이라면 평생에 한 번 살고 싶은 곳, 은퇴한 노인들이 가장 선호하는 보금자리, 전 세계에서 관광객들이 몰려오는 곳이다. 그러나 이곳에 지옥과 같은 거리가 있다. 바로 헤이스팅스 거리다. 마약 중독자들과 범죄자들, 매춘부들로 가득한 이 거리는 한낮에도 지옥을 방불케 한다. 그런데 그들 중 적잖은 이들이 여행을 왔다가 마약의 수렁에 빠져서 노숙인이 된 사람들이다.

물론 여행 자체는 좋은 것이다. 왜냐면 여행은 하나님께서 제일 먼저 시작하신 것이기 때문이다. 영원에서 시간으로, 하늘에서 땅으로 오신 하나님의 여행. 시공간은 영원으로부터 여행 온 것이며, 인간은 하나님으로부터 여행 온 것이다. 그렇다면 이 여행은 의미가 있는 여행이고 사명이 있는 여행이다. 그리고 그 의미와 사명을 묵상하는 여행이어야 한다.

땅끝에 가서야 알 수 있는 것들

온누리교회의 많은 대학생과 청년들은 여름과 겨울에 아웃리치 Outreach를 떠난다. 내가 사는 곳에서 다른 도시로, 다른 나라로 떠난다. 왜? 땅끝에서 나를 기다리는 한 영혼이 있기 때문이다. 그리고 그 한 영혼을 만나면, 하나님이 왜 나를 이곳에 보내셨는지 알게 된다. 나를 만난 그 영혼이 살아나는 것을 보면서, 그토록 무가치하게 느껴지던 자신의 삶이 얼마나 가치 있는 것이었는지를 깨닫게 된다. 그리고 마침내 그 땅끝에서 나를 오래도록 기다리고 계시던 주님을 만나게 된다.

"내가 너를 여기서 기다리고 있었다."

청년들의 간증이 그렇다. 여기서는 아무리 기도해도 응답이 없었는데, 땅끝에 가서야 비로소 내 인생이 보이고 내 갈 길이 보였다고 고백한다. 여기서는 그렇게 주님 보고 싶고 만나고 싶어도 신앙이 늘 겉돌았는데, 땅끝에 이르러서야 비로소 나를 부둥켜안아 주시는 주님을 만났다고 간증한다.

부모님이 지나치게 신앙이 좋은 한 자매가 있었다. 자매는 세상이 좋고 사람이 좋은데, 부모는 하나님만 좋아하라고 했다. 대학도 부모의 강요로 신학대학교에 갔다. 그것은 마치 하나님과 데이트 한 번 못 해 보고 시집 간 격이었다.

그러나 자매는 이내 뛰쳐나와 술과 세상 친구들에 파묻혀 살았다. 그럴 때마다 부모는 붙잡아다가 교회로 데려왔다. 그러나 제 발로 들어올 생각이 없었기에 소용이 없었다. 그러던 그녀가 친구 따라 청년부에 몇 달 나오더니 엉겁결에 아웃리치까지 따라가게 되었다. 그리고 그곳에서 부모에게 버려진 아이들을 부둥켜안고 울다가 그토록 오랫동안 그녀를 기다리시던 하나님을 만나게 되었다. 이후로 하나님은 그녀가 포기했던 신앙도, 그녀가 포기했던 결혼도 선물로 주셨다.

그렇다. 땅끝에서 이곳이 보이기 시작한다. 땅끝에서 내 인생의 길이 열리기 시작한다. 아웃리치 현장에서 내 인생이 해석되기 시작한다. 왜 그런가? 우리는 누구나 자기 인생의 객관화가 필요하기 때문이다. 왜 사람들은 가족을 떠나서야 가족의 소중함을 깨달을까? 왜 사람들은 이민을 가고서야 조국의 소중함을 깨달을까? 주관의 객관화가 그제야 가능해지기 때문이다. 작품에 몰입하던 화가에게도 잠시 붓을 내려놓고 멀리서 바라보는 시간이 필요하다.

학업에 직장에 사역에 몰두하던 하나님의 사람들이여, 주관의 영역에서 객관의 지대로 잠시 물러나서 자기 삶을 바라보라. 그래야만 소중한 것이 보이기 시작하고 놓쳤던 것이 보이기 시작한다.

청년들이여, 내 인생을 내 인생이 아닌 것처럼 살아라. 내 것인 줄 알면 소중한 줄 모르고 막살게 된다. 내 것인 줄 알면 어디에 써야 할지 모르고 방황하게 된다. 그래서 끊임없이 인생의 객관화 작업을 해야 한다. 그래야만 내 인생의 가치와 비전을 알게 된다.

자신의 인생을 날마다 하나님 앞에 내려놓고 살아가라. 내일 이 땅을 떠날 것처럼. 그래야 보이기 시작한다. 본질이 보이고 가치가 보이기 시작한다. 그렇게 인생을 하나님 앞에 내려놓는 작업이 바로 예배다. 예배의 자리에서 우리는 날마다 하늘나라로 리치아웃Reachout하기 때문이다. 그 예배의 자리에서 비로소 있는 그대로의 내가 보이는 법이다.

땅끝, 영감이 회복되는 곳

사람들은 왜 그렇게 인생살이가 힘들다고 하는가? 그것은 내 인생이기 때문이다. 내 인생은 너무나 소중해서 함부로 던질 수 없으니까. 그래서 그 소중한 인생을 끌어안고 이러지도 저러지도 못한다. 남의 인생이었으면 벌써 훈수 두고 충고하며 입바른 소리를 했을 터인데. 바로 이때! 이때 필요한 것이 땅끝으로 떠나는 것이다. 과감하게 던지라. 그러면 그곳에서 나를 기다리시는 하나님을 만나게 된다. 그리고 그분의 관점으로 내 인생을 객관화시켜 보라. 그러면 지금까지 보지 못하던 길이 보이고 해답이 나올 것이다.

요셉이 이집트에 억울하게 팔려 간 뒤, 그의 인생이 끝났는가?

결국 땅끝에서 그를 기다리시는 하나님을 만나지 않았는가!
요나가 니느웨에 억지로 끌려가고 끝났는가?
결국 땅끝에서 그를 기다리시는 하나님을 만나지 않았는가!

청년들이여, 왜 땅끝에 산다고 울고 있는가? 왜 세상의 중심이라고 안일해 하는가? 땅끝이든 세상의 중심이든 하나님을 만나지 못한 인생은 모두가 벼랑 끝이라는 것을 모르는가! 하나님을 만날 수만 있다면 과감하게 중심에서 끝으로 이동해야 한다. 그러나 하나님이 함께 하신다면 여기 땅끝에서도 중심을 잡고 인생을 살 수 있다.

우리는 미국에 사는 동포들이 부요하고 자유롭고 행복하게 산다고 생각하지만, 정작 미주에 사는 상당수 이민자들은 하루하루를 벼랑 끝에 선 심성으로 살아간다. 이해할 수 있는가? 뉴욕, LA, 도쿄, 서울 같은 메가시티는 세상의 중심이고, 아프리카나 중앙아시아의 오지는 땅끝인가? 그렇지 않다. 태초부터 지리적인 땅끝이란 존재하지 않았다. 다만 하나님을 떠난 사람들에게 영적인 땅끝이 존재할 뿐이다.

그러므로 세상에는 단 두 가지 장소가 있다. 하나님이 함께하시는 곳과 하나님이 함께하시지 않는 곳이다. 아무리 세상의 중심에 있는 것 같아도 하나님이 함께하시지 않으면 그곳은 곧 낭떠러지다. 반면 아무리 세상의 땅끝인 것 같아도 하나님이 함께하시면 그곳이 곧 세상의 중심이다. 왜? 온 우주의 중심되시는 그분이 거기 계시기 때문이다!

요즘 세계가 한국을 주목하고 있다. 이미 한류는 글로벌 신드롬이 되었다. 그러나 이 땅의 젊은이들은 벼랑 끝에 선 심정으로 살아가고 있다. 왜 그런가? 하늘의 관점으로 자신을 보지 못하기 때문이다. 여기가 좋기는 한데 앞이 보이지 않고 인생의 가치가 보이지 않기 때문에 답답해 죽을 것만 같다.

답답한 당신, 떠나라! 땅끝 여행을 시도하라! 객기로 가득한 여행은 이제 그만 멈춰라. 그런 여행은 숱하게 해 보아도 돈 낭비 시간 낭비 정력 낭비일 뿐이다. 화려한 도시들과 나라들, 볼거리와 먹거리와 놀거리로 가득한 세상 여행은 이제 그만하고, 땀 냄새와 눈물 자국이 있는 마을들과 민족들, 도시 빈민들이 사는 땅끝과 삼천리금수강산 구석구석에 박혀 있는 오지로 가라. 당신의 육감을 자극할 곳으로 여행하지 말고, 당신의 영감을 회복할 곳으로 떠나라. 사명으로 충만한 여행을 떠나라. 그리고 그곳에서 내 삶을 돌이켜 보라. 비로소 쏟아지는 별빛처럼 하늘 위에서 땅이 환히 보이기 시작할 것이다.

땅끝에서 그분이 당신을 부르고 계신다.
미로와 같은 내 인생의 해답이 그곳에 있기 때문이다.
익숙한 땅을 떠나는 것을 두려워하지 말라.
익숙한 땅을 떠나 꿈에도 그리던 그분을 만날 수만 있다면
이 세상 그 어디를 가도 하늘나라가 펼쳐질 것이다!

아무리 세상의 땅끝인 것 같아도
하나님이 함께하시면 그곳은 곧 세상의 중심이다.
왜? 온 우주의 중심되시는 그분이
거기 계시기 때문이다!

15.

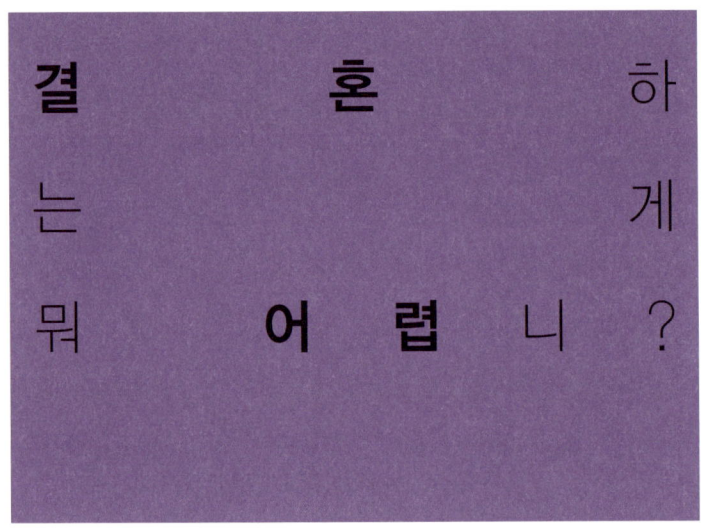

"그중의 제일은 사랑이라"
고전 13:13

이상형에 집착하는 것은 비현실적인 기다림이다. 이상형을 만나야 내 인생이 행복해지는 것이 아니라 그 누구를 만나든 내 사람을 만나면 된다. 누구를 만나든 내가 대안이 되어 줄 수 있어야 한다. 사랑은 최고의 비전이다. 하나님도 사랑이라는 비전 때문에 세상을 창조하셨고 그 사랑 때문에 구원하셨고 그 사랑 때문에 다시 오실 것이다. 우리는 모두 최강의 비전인 사랑이 필요하다.

"결혼하는 게 뭐 어렵니?"

싱글 남녀를 자극했다면 미안하다. 그러나 내 말이 아니라 장신대 영성신학 교수이신 유해룡 교수의 말이다. 학생들이 교수님께 찾아가서 교제와 결혼에 대한 고민을 털어놓고 "결혼할까요 말까요?" 질문하면 언제나처럼 대답해 주시던 말씀이다. "결혼해라. 결혼하는 게 뭐 어렵니? 날마다 사랑하며 사는 게 어렵지."

사람은 고르는 것이 아니라 품는 것이다. 하지만 세상은 사람을 고른다. 조직은 인사만사고 전쟁은 용병술이다. 그런데도 성경은 이렇게 말한다. "너희는 가서 모든 민족을 제자로 삼아"(마 28:19). 세례 주고 말씀 가르쳐 봐서 될 법한 사람들만 제자로 받아들이라고 하시지 않았다. 먼저 사람부터 품으라고 하셨다. 품고 나서 키우라는 뜻이다. 예수님도 제자를 선택하실 때 그렇게 하셨다. 물론 이 순서는 세상의 순서와는 역순이다. 학교는 가르쳐 보고 조교 뽑고, 회사는 인턴 시켜 보고 사원 뽑고, 배우자는 교제해 보고 고른다. 그런데 하나님은 그냥 하나님이 주시는 사람을 품으라고 하신다.

간 보지 말고 '단 한 사람'과 결혼하라

나는 청년사역을 하면서 이 점을 많이 강조했다. 설교 때마다 "손만 잡으면 결혼하라"고 했다.

"이 사람 저 사람 간 보고 다니지 마라. 이 교회 저 교회 물 좋은 곳 찾아다니지 마라. 하나님이 주신 단 한 사람과 손잡고 결혼하라."

그 뒤로 수많은 젊은이들이 결혼에 골인하게 되었다. 나는 일주일에 두세 번씩 주례를 하는 주례 전문 목사가 되었다. 어떤 커플은 서로 마음이 생기자마자 딱 한 달간 새벽기도 같이하고 결혼했다. 너무나 기뻤다. 이 글을 쓰는 오늘 카톡으로 문자와 사진이 왔다. 행복하게 잘살고 있다고 그리고 딸을 낳았다고.

결국 인생에서 가장 어렵고도 가장 소중한 일이 한 영혼을 품는 일이다. 나는 어릴 때부터 그게 뭔지도 모른 채 한 사람을 만나서 결혼하게 해 달라고 기도했다. 그리고 그 한 사람을 만나 1,000일간 교제한 뒤 결혼했다. 그 한 사람을 놓치지 않으려고 미국에도 쫓아가고 힘든 시간을 이기며 붙들었다. 정말 바보 같은 짓이었다. 그러나 내 인생에서 가장 잘한 일이었다. 왜냐면 하나님이 내게 주신 바로 그 사람이었기 때문이다.

어떤 청년들은 이런 반문을 한다.

"어떻게 다른 사람을 만나 보지도 않고 이 사람이다 결정할 수 있어요?"

"이 사람이 괜찮은 사람인지 무슨 근거로 결혼까지 감행합니까?"

그러나 아는가? 더 좋은 사람 기다리다가 가장 좋은 사람을 놓친다. 물론 더 좋은 사람은 수없이 많다. 결혼 전에도 결혼 후에도. 그러나 더 좋은 사람 덜 좋은 사람이 있는 것이 아니라, 내 사람과 내 사람이 아닌 사람이 있을 뿐이다. 그리고 바로 내 사람이 세상에서 가장 좋은 사람이다.

물론 로맨틱하게 골인한 결혼은 현실에서는 혹독한 공동체 훈련을 치러야 한다. 나 역시 치약 하나로 얼마나 험한 세월을 보냈는지 모른다. 나는 밑에서부터 짜 올려야 하는 샌님 타입이고 아내는 허리부터 꺾어 쓰는 여장부 타입이다. 평소 컨디션이 좋을 때는 아무 문제가 안 되지만 일진 사나운 날은 아내를 불러 놓고 타박해 댔다. 결혼 1년 된 어느 날 치약 때문에 짜증을 냈더니 아내가 뒤돌아서며 중얼거렸다. "남자가 밴댕이 소갈머리 같기는…."

나는 그날로 포기했다. 그리고 더 이상 치약 갖고 구차하게 싸우지 않았다. 그리곤 나도 조심스레 용기를 내어 허리를 꺾어 쓰기 시작했다. 쾌감이 있었다. 이런 걸 카타르시스라고 하는구나! 그러다가 거의 다 쓰면 그때 짜 올리고 튜브를 말아 올렸다.

결혼 10년째에 이런 일이 있었다. 치약을 거의 다 썼는데 그게 고탄력 튜브로 된 EM치약이어서 튜브가 말리지 않았다. 내가 누군가? 아내에게 스카치테이프를 가져오라 했다. 그리곤 튜브를 말아 테이프로 고정시켰다. "여보, 당신은 참 결혼 잘한 거 같아. 내가 지난 10년 동안 치약 갖고 잔소리하기를 해? 다 쓰면 이렇게 말아 올려 줘. 너무 결혼 잘했지?" 그랬더니 아내가 무표정하게 하는 말. "난 벌써 새 거 꺼내 쓰는데." 순간 쓰러지는 줄 알았다.

사랑은 있는 그대로 받아들이는 것이다.

이 말은 그저 이상적인 정의가 아니다.
그렇지 않고는 사랑이 불가능하기 때문이다.

이상형이 아니라 하나님이 주신 내 사람을 찾으라

오늘날 교회를 보면, 수녀형 자매들이 많다. 교회가 수녀원도 아닌데 말이다. 그리스도의 신부로 사는 것은 좋지만 예수님 같은 영성을 가진 형제만 기다리는 것은 비현실적이다. 이들은 이상형을 물으면 "저를 신앙적으로 이끌어 줄 형제"라고 답한다. 일단 교회 내 형제 대 자매 비율이 대개 3:7인데다가 신앙적인 열심도 자매들이 더 큰 편이다. 그런데 나를 신앙적으로 이끌어 줄 형제와만 결혼하겠다고 하니, 일부다처제가 되지 않는 한 무슨 수로 이 많은 자매들을 결혼시키겠는가.

자매들이여, 사고뭉치 베드로가 사도 베드로가 되지 않았는가. 평강공주가 될 결심을 하라. 감 떨어지기만 기다리지 말라. 참으로 걱정이다. 수녀형 자매들이야말로 거리로 나가 안 믿는 형제를 헌팅해야 할 판인데, 오히려 '나일론' 신앙의 자매들이 안 믿는 형제랑 교제하면서 선교사로 가겠단다. 참으로 양쪽이 다 걱정이다.

좀 더 실제적인 감각이 있는 자매들도 있다. 그들은 완벽한 이상형을 추구한다. 다윗의 영성에 사울의 키에 솔로몬의 재력에 다니엘의 지혜에 베드로의 박력에 요즘은 삼손의 몸짱까지 원한다. 드라마를 너무 많이 봤다. 그러면 과연 저들과 결혼하면 좋을까?

다윗과 함께 들판에 쫓겨나 한 10년쯤 고생해 보겠는가? 사울처럼 남편이 미쳐서 날뛴다면 어쩌겠는가? 솔로몬은 처첩만 1,000명이었다. 당신 이름도 기억 못할 것이다. 다니엘과 함께 사자굴에 들어간 뒤 후회해도 늦다. 베드로는 선교 다니느라 집에 안 들어온다. 삼손은 건달처럼 돌아다니다가 비명횡사했다. 세상에 완벽남은 존재하지 않는다. 신체 부위별로 멋진 남자 멋진 여자의 사진을 조합해 놓으면 그건 인조인간이지 사람이 아니다.

교회에서 형제들은 어떤가? 왕자착각형 형제들이 많다. 형제들이 소수이다 보니 희소성으로 인해 스스로 고품격이라 착각한다. 그리고는 진실한 사랑을 하지 못한다. 한 사람에게 온전히 헌신하지 않는다. 그냥 친절한 교회 오빠다. 자매들에게 두루두루 무한 매너남으로 존경받는다.

그러나 그것은 어장 관리일 뿐 진정한 친절이 아니다. 어장 관리와 친절은 다르다. 그것은 행동의 문제가 아니라 동기의 문제다. 끊임없이 자신은 괜찮은 남자라는 뉘앙스를 향수처럼 풍기기 위한 행동이라면 그것은 분명 어장 관리다. 친절하되 절도를 지키라. 이 사람 저 사람 만나려 하지 말라. 하나님이 주시는 단 한 사람을 만나 단 한 사람을 사랑하라.

이상형을 찾지 말라. 하나님이 주시는 사람을 찾으라. 형제들은 교회 사역에 다년간 헌신한 신앙 좋은 자매들은 부담스러워 하더니, 어느 날 새신자로 들어온 청순가련형 자매에게 꽂히고 만다. 그러나 형제들이여, 결혼은 이미지로 하는 것이 아니다. 그렇게 가냘파 보이던 자매가 결혼하고 애 낳고 몸뻬바지 입고 집에서 양푼에 고추장 풀어서 밥 비벼 먹고 애들한테 고래고래 소리 지르면, 당신은 질려서 또 다른 가냘픈 여자를 찾아다닐 것인가? 혹은 가냘픈 그녀가 평생 골골 댄다면 어쩌겠는가?

한편 자매들이 '자기 일에 열정이 있고 가정적인 남자'를 이상형으로 꼽을 때마다 나는 대답한다. "그런 남자는 존재하지 않는다." 자기 일에 열정적인 남자는 야근하고 회식하고 출장 가느라 집에 안 들어온다. 반대로 20~30대에 집 좋아하는 남자는 패기가 없거나 비전이 없는 경우가 대부분이다. 오늘부터 이상형이 아니라 하나님이 주시는 현실 속의 이성을 찾으라.

지금은 사랑할 때

이상형에 집착하는 것은 비현실적인 기다림이다. 이상형을 만나야 내 인생이 행복해지는 것이 아니라 그 누구를 만나든 내 사람을 만나면 된다. 불만족스러운 내 인생에 결혼이 유일한 대안이라고 생각하지 말라. 백마 탄 왕자님이 대안이 아님을 알라. 가녀린 공주님이 대안이 아님을 알라. 대안만 기다리는 인생은 대책 없는 인생일 뿐이다. 누구를 만나든 내가 대안이 되어 줄 수 있는 자신감이 있어야 하지 않겠는가.

싱글 남녀에게 몇 가지 권면하겠다.

첫째, 멋진 척 예쁜 척하지 말라.

지금은 하나님을 뜨겁게 사랑하고 사람들을 겸손히 섬길 때다. 그렇게 함께 예배하고 섬기는 자리에서 만난 사람이 당신의 최고 파트너 후보임을 잊지 말라. 평소에 화장하고 빼입고 다닐 때는 서로 거들떠보지도 않다가 아웃리치나 봉사활동 가서 자기 짝임을 알아보는 커플들이 수없이 많다는 사실을 기억하라.

둘째, 외로워도 기다리고 또 기다리라.
이 사람 저 사람 만나고 다니면 진만 빠질 뿐이다. 정작 그 사람이 나타났을 때 올인하기를 원한다면 가벼운 만남들에 선을 그어라. 옆구리 시리다고 나 좋다는 사람 다 만나고 좀 좋아 보이는 사람 다 쫓아다니다가는 인생이 할미꽃처럼 시들어 버린다. 진지한 만남을 위해 준비하라.

셋째, 언제나 사랑이 먼저다.
비전과 사랑 중에 우선순위는 비전이 아니라 사랑이다. 누군가를 소개받았을 때 자기 비전에 맞지 않는 사람은 바로 제외시키는 우를 범하지 말라. 당신의 계획이 인생의 전부가 아니다. 하나님께는 사람이 비전이라는 것을 잊지 말라. 비전보다 사랑이 우선이다. 왜냐면 사랑이 최고의 비전이기 때문이다. 하나님도 사랑이라는 비전 때문에 세상을 창조하셨고, 그 사랑 때문에 구원하셨고, 그 사랑 때문에 다시 오실 것이다. 사랑만큼 강한 비전은 없다. 당신에게도 최강의 비전인 사랑이 필요하다.

16.

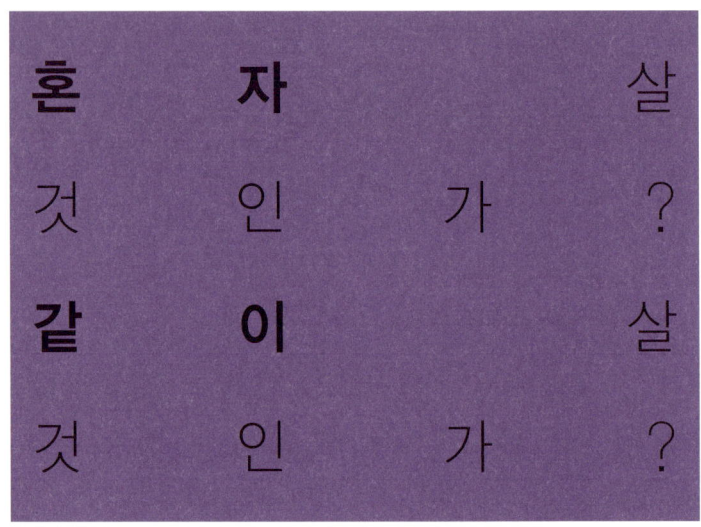

"사람이 혼자 사는 것이 좋지 아니하니"
창 2:18

인간은 의지할 대상이 아니라 사랑할 대상이다. 100% 신뢰하고 의지할 이는 오직 하나님뿐이다. 사랑해서 상처받지 않을 인간관계는 없다. 그래도 상처의 아픔보다 사랑의 기쁨이 비교할 수 없이 크기에 사랑하는 것이다. 부딪히는 어려움보다 함께하는 즐거움이 표현할 수 없이 크기에 사랑하는 것이다.

인간은 혼자 살아야 하는 존재인가?
아니면 함께 살아야 하는 존재인가?

　사람의 마음은 시계추와 같다. 혼자 있으면 외로워서 누군가를 찾게 된다. 그러나 누군가와 함께 있다 보면 피로가 누적되어 홀로 있고 싶어진다. 정말 내가 원하는 것은 무엇일까? 인간은 홀로 또 같이 있을 수는 없는 것일까? 홀로 있으면 안정적이기는 한데 공동체성을 상실하고, 같이 있으면 풍성하기는 한데 몰개성으로 흐르기 일쑤다.
　그래서 크리스천들도 소비적인 인간관계의 폐해에 신물이 나서 무교회주의를 주장하거나 소위 '안개성도'가 되어 버린다. 하나님은 좋지만 교회는 부담스럽다. 하나님은 바라보지만 사람은 등지고 산다.

세상 등지고 십자가 보네.
뒤돌아서지 않겠네.

　이 고백이 주님이 좋아서 하는 고백인가? 아니면 사람들이 싫어서 하는 고백인가? 성경은 "이 세상이나 세상에 있는 것들을 사랑하지 말라"(요일 2:15)고 하신다. 그러나 하나님은 "세상을 이처럼 사랑하사"

(요 3:16) 독생자까지 주셨다. 결론은 무엇인가? 세상이 좋아 세상 사랑하는 것도 아니요 세상이 질려서 하나님만 좋다는 것도 안 된다. 우리는 하나님 사랑이 흘러넘쳐서 세상을 사랑해야 비로소 세상을 살릴 수 있다.

사랑은 사랑을 경험한 사람만이 할 수 있다. 당신이 누군가와 사랑에 빠지기 전에 신과 열애에 빠져야 하는 이유를 알겠는가? 섣불리 누군가를 사랑해 보겠다고 하다가 나가떨어지는 사람이 한둘이 아니다. 그러면 어떻게 살 것인가?

우리는 모두 죄인이다

첫째, 모든 사람은 다 죄인이라는 것을 깊이 이해하라. 사람들은 늘 말한다. "부모가 어떻게 내게?", "친구가 어떻게 내게?", "교회 다닌다는 사람이 어떻게?" 어떻게라니 아직도 모르겠는가? 인간은 모두 죄인이다. 인간은 구원받은 죄인과 구원받지 못한 죄인의 차이만 있을 뿐이다. 성화되어 가는 죄인과 악화되어 가는 죄인이 있을 뿐이다. 모두가 죄인이다. 결혼을 앞둔 싱글들이여, 당신은 사랑하는 사람과 결혼하는 것인 동시에 죄인과 결혼하는 것임을 잊지 말라. 그 죄인은 당신이 기대한 만큼 실망시킬 것이고 의지한 만큼 배신감을 줄 것이며 사랑한 만큼 미워질 것이다.

"어떻게 남편이 나에게 이럴 수 있나?", "어떻게 아내가 나에게 이럴 수 있나?" 말하지 말라. 아직도 모르겠는가? 죄인이니까 그런 것이다. 사실 당신 자신도 죄인이 아닌가. 당신 자신도 가해자가 아닌

가. 누구든지 늘 피해자이거나 가해자이기만 하지 않다. 그런데 모두가 자신은 다윗이라고 생각하지 사울이라고 생각하지 않는다. 모두가 자신은 한나라고 생각하지 브닌나라고 생각하지 않는다. 그리고는 억울하다고 한다. 피해의식에 사로잡힌다. 그러나 당신도 죄인이요 당신도 가해자임을 잊지 말라. 누구를 탓하겠는가. 다 죄인인 것을. 그분의 은혜가 아니고는 한순간도 용납할 수 없는 것을 왜 모르는가.

자식을 키워 보면 어린 아이들도 죄인임을 알 수 있다. 자기 뜻대로 안 된다고 소리 지르고 장난감 뺏겠다고 싸우고 거짓말을 밥 먹듯이 한다. 정말 잠 잘 때만 천사다. 그래도 자식 키우는 기쁨이 인생살이 최고의 기쁨인 것은 역시 사랑 때문이다.

상대를 바꾸려고 하지 말라

둘째, 사랑하되 요구하지 말라. 남녀 간에도 좋아하는 사람이 생기면 처음엔 그가 내 곁에 있어 주기만 해도 좋을 것 같다. 그러나 가까워질수록 부딪히게 된다. 갈등하게 된다. 사랑이라는 이름으로 요구사항이 많아진다. "말하는 투를 고쳐라", "시간 좀 지켜라", "나한테 더 잘해라" 등 사랑이 강요가 되고 애착이 집착이 되는 날, 행복은 여지없이 불행이 되고 만다. 그래서 나는 내가 주례를 서는 예비 신랑 신부들에게 부탁하는 말이 있다.

"있는 모습 그대로 사랑해라. 사랑이라는 이름으로 집착하거나 조종하려 하지 말라. 상대를 바꾸려는 시도를 포기하라. 약속을 하라든지 각서를 쓰라든지 하지 말라. 나중에 그 약속 어기면 나를 사랑하지 않는다고, 거짓말했다고 비난하려 든다. 그러나 사랑하지 않아서도 아니고 거짓말한 것도 아니다. 그때는 사랑하니까 자기 성격과 맞지 않는 약속도 해 준 것이다. 그러나 용수철은 아무리 두세 시간 늘려 놓아도 제자리로 돌아간다. 하나님이 그렇게 만드신 것을 어떻게 하겠는가? 왜 작품을 원망하는가? 차라리 따질 게 있으면 하나님께 따지라. 오히려 내려놓고 꾸준히 사랑해 주면 그가 스스로 원해서 변하는 날이 올 것이다. 그것이 먼 길이지만 가장 빠른 길이다. 이 점을 잊지 말라."

영화 〈오스트레일리아〉Australia, 2008를 보면 애쉴리라는 영국 귀부인과 드로버라는 소몰이꾼이 사랑에 빠진다. 여자는 정착을 원했고 남자는 세상을 원했다. 소 떼를 찾아 떠나려는 드로버에게 애쉴리가 말한다. "지금 떠난다면 다시는 돌아올 수 없어.", "그래? 그럼 다시 돌아오지 않을게." 여자는 남자가 남아야만 그것이 사랑이라고 생각했다. 그러나 남자는 여자를 사랑함에도 불구하고 떠나야 하는 인생이었다. 그러면 어떻게 해야 할까? 내려놓아야 한다. 새장의 문을 열어 놓아야 한다. 그래야 스스로 돌아온다.

탕자의 아버지를 보라. 나중에 탕자를 받아 준 것이 놀라운 일인가? 아니다. 아들이 집 나갈 때 그냥 놔둔 것이 더 놀라운 일이다! 돌아와도 받아 주지 않을 참이었다면 처음부터 "다시는 돌아올 생각 마라!" 못을 박았을 것이다. 당연히 유산도 주지 않았을 것이다. 그러나 아버지는 아들이 원하는 대로 다 해 주었다. 그리고 제 발로 집 나가는 것을 안타깝게 바라만 보았다. 그때 이미 아버지는 아들이 언제 돌아오든 받아들일 마음이었다.

생각해 보라. 그 아들이 집에 붙잡아 둔다고 도망치지 않겠는가? 그 아들이 집에 있으면 망나니짓 하지 않겠는가? 잡아 둔다고 사람이 변하지 않는다. 사랑을 깨달아야만 사람은 변한다. 이것이 진정한 사랑이요 하나님께서 우리에게 보여 주신 사랑이다.

그러면 우리는 왜 자꾸 사랑이라는 이름으로 요구하는가? 그것은 연인이든 배우자든 자식이든 자신의 이상형에 그들을 끼워 맞추려 하기 때문이다. 그 사람을 사랑하는 것이 아니라 그 사람을 통해 투영되는 이상형을 사랑하는 것이다. 바비 인형으로 만들고 싶고, 백마 탄 왕자님으로 만들고 싶은 것이다.

그러나 기억하라. 사람을 사랑하는 것이지 장난감이나 동화 속 캐릭터를 사랑하는 것이 아니다. 잊지 말라. 창조주도 사랑을 선택하기 위해서 자유를 주셨다. 집을 나갈 자유와 집에 돌아올 자유 둘 다를 주셨다. 탕자의 비유는 제 발로 그분을 떠났다가 제 발로 다시 돌아온 인류의 이야기다. 사랑은 최악의 선택마저 최선의 결단으로 바꾸어 놓는 놀라운 치유력이다. 그 사랑의 힘을 믿으라.

정직하되 존중하라

셋째, 정직하되 존중하라. 사랑의 완성까지는 아니어도 사랑의 성숙을 원한다면 그렇게 하라. 사실 이 두 가지는 모순된 요소다. 정직은 자신에게 충실한 것이고 존중은 타인에게 충실한 것이다. 정직하면 자신은 편한데 타인의 감정이 상하기 쉽고, 존중하면 타인은 편한데 자신의 감정을 억눌러야 한다. 사람이 어린아이 때는 정직한 반면 어른이 되면 매너를 지킨다. 그러나 인간관계가 솔직하지 못하면 매너는 거리감을 줄 뿐이다. 그렇다고 솔직하지만 상대를 존중하지 않으면 친밀감은 무례함이 되고 만다.

이 만나지 않을 것 같은 영원한 평행선, 정직과 존중 때문에 수많은 부부들이 남남처럼 살거나 원수처럼 산다. 그러나 사랑은 신앙처럼 모순이 아닌 역설로 공존하는 법이다. 마치 영원하신 하나님과 유한한 인간이 공존하듯이, 저 높은 하늘과 이 낮은 땅이 공존하듯이, 거룩한 호세아가 저속한 고멜을 사랑했듯이, 진정한 사랑은 정직과 존중을 끌어안고 간다.

그러면 어떻게 할 것인가? 실제적인 방법 하나. 'You-메시지'가 아닌 'I-메시지'를 하라. "당신은 잘못했어", "당신은 문제가 많아", "당신 왜 그랬어?"하며 상대방에게 비난을 쏟아붓지 말고, 상대방에게 실망할 때 자신의 마음이 어떤지를 말하라. "내 마음이 어려웠어", "나는 이럴 때 걱정이 돼." 그러면 상대를 비난하지 않으면서도 솔직한 자기감정을 표현할 수 있기 때문이다. 그리고 그에 대한 반응은 상대에게 맡겨 두어야 한다.

실제적인 방법 둘. 차이를 알기 위해 대화하라. 연인 간에 부부간에 부모자식 간에 대화를 많이 하라. 그러나 설득하기 위해서도 아니고, 결론을 내리거나 상대를 꺾기 위해서도 아니다. 서로의 차이를 알기 위해서 대화하는 것이다. 우리가 참 많이 다르다는 것을 알기 위해서 대화하라.

나는 커플 매칭에는 별 은사가 없어도 맞는 커플인지 아닌지를 분별하는 은사는 있다. 내가 간혹 반대하는 커플이 있다. 그런 커플은 차이점이 있거나 갈등이 있는 커플이 아니다. 사실 대부분의 커플이 성향이 달라서 힘들어한다. 그러니 성향의 문제로 반대하지는 않는다(물론 고생은 좀 하겠지만). 다만 서로의 차이점 자체를 인정할 수 없는 커플은 전망이 어둡다. 잊지 말라. 성격 차이로 이혼하는 게 아니다. 성격 차이를 인정할 수 없어서 이혼하는 것이다.

사랑하라

마지막으로 권면한다. 인간은 의지할 대상이 아니라 사랑할 대상이다. 100% 신뢰하고 의지할 이는 오직 하나님뿐이다. 사랑해서 상처받지 않을 인간관계는 없다. 그래도 상처의 아픔보다 사랑의 기쁨이 비교할 수 없이 크기에 사랑하는 것이다. 부딪히는 어려움보다 함께하는 즐거움이 표현할 수 없이 크기에 사랑하는 것이다.

상처를 두려워하는 싱글들이여,
초는 자신을 태워야 빛이 난다.
내 인생 타들어 가는 것이 싫어
홀로 가만두면 예쁘기는 하다.

그러나 단 한 번뿐인 인생이여,
진열장에 갇혀 이대로 끝내려나.

이젠 누군가를 위해 불태워 보라.
아까워도 결코 아쉽지 않으리니.

촛농처럼 흐르는 눈물과 땀보다
진정 사랑했음의 감격이 크리니.

사랑은 신앙처럼 모순이 아닌 역설로 공존하는 법이다.
마치 영원하신 하나님과 유한한 인간이 공존하듯이,
저 높은 하늘과 이 낮은 땅이 공존하듯이,
거룩한 호세아가 저속한 고멜을 사랑했듯이,
진정한 사랑은 정직과 존중을 끌어안고 간다.

17.

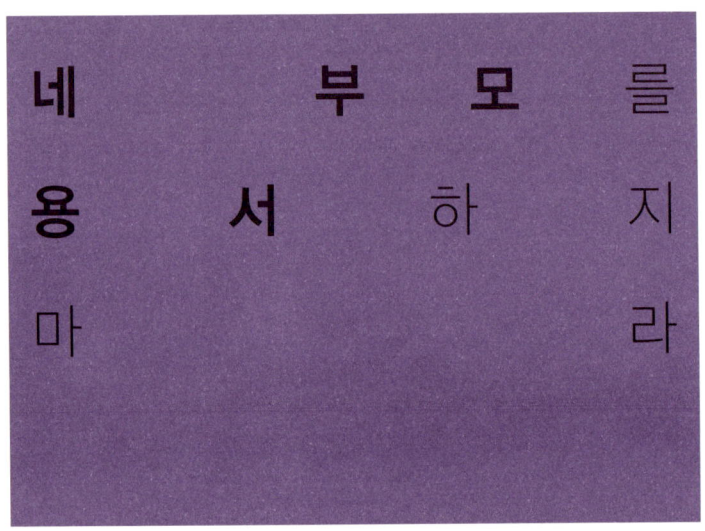

네 부모를 용서하지 마라

"내 부모는 나를 버렸으나"
시 27:10

청년들이여, 부모 비난하는 것을 껌 씹듯이 쉬운 일로 여기지 말라. 당신의 부모를 용납하면 한 가문의 역사가 바뀔 것이다. 부모가 신앙생활 한다고 핍박했을지라도, 일방적으로 분노와 학대를 쏟아부었을지라도, 미워하지 말라. 절연하지 말라. 그러면 반드시 관계를 회복할 기회가 온다. 부모를 용서하려고 애쓰지 마라. 우리는 그저 서로를 용납할 뿐이다. 오직 은혜로만 가정은 천국이 될 수 있다.

■

오늘날 사람들은 너무나 쉽게 지운다.

아이를 지우고
주름살을 지우고
아픈 기억을 지운다.

마치 돈 세탁하는 것처럼 과거 세탁을 하고 싶어 한다.

부모는 인간관계의 첫 단추

청년들이 세탁하고 싶은 첫 번째 기억은 단연 부모에게 받은 상처가 아닐까 싶다. 태중의 아기는 엄마가 기침만 해도 1,000배의 충격을 받는단다. 그러니 백지와 같은 어린 나이에 받은 온갖 상처와 학대는 평생에 지워지지 않는 어두운 밑바탕이 되는 경우가 많다.

사실 가정은 하나님이 친히 만드신 두 개의 공동체 중 하나다. 가정은 천국의 모형이요 사랑의 공동체다. 그러나 죄악이 들어온 이후 가정은 하나님의 선로를 역주행하게 되었다. 최고의 돕는 배필 하와는 아담을 범죄하게 만들었다. 반면 아담은 최고로 소중한 아내를 범죄의 주동자로 비난했다. 동생을 지켜야 할 형 가인은 동생 아벨을 죽였다. 그로 인해 가인은 하나님도 등지고 가족도 등졌다. 친교의 동산을 배신의 언덕으로 만든 것은, 가롯 유다가 처음이 아니었다. 인류 최초의 부부와 인류 최초의 형제가 천국을 지옥으로 만들었다.

오늘날 가정은 지옥이 되어 가고 있다. 가장 행복해야 할 가정이 불행의 온상이 되고 있다. 미워하고 비난하고 불신하고 아파하고 깨지고 폭력을 휘두르고 음란에 빠져 있다. 가정이 왜 이렇게 망가졌는가? 물론 죄의 결과다. 결국 원수 사탄이 하나님의 은혜의 수원을 오염시키고 있는 상황이다. 아예 수원을 틀어막아서 선한 그 어떤 것도 흘러가지 못하게 하려는 의도다.

수많은 청년들이 가정의 상처에서 벗어나지 못한다. 어떤 청년들은 분노하고 또 다른 청년들은 잊으려 한다. 그러나 분노하며 맞서 싸우든, 망각하며 멀리 도망가든, 문제는 해결되지 않는다. '과거는 덮어 두고 새 삶을 시작하면 되지'라는 생각은 소망 사항일 뿐이다.

부모는 세상에 태어나 처음으로 만난 사람이다. 부모와의 관계가 당신의 첫 번째 인간관계다. 그 첫 단추가 어긋나면 선생님, 친구, 형제, 연인, 직장 동료, 주님과의 관계가 줄줄이 어긋나게 된다. 부모와의 관계는 수많은 인맥 중 하나가 아니라 탯줄 같은 관계이기 때문이다.

내 인생이 본격적으로 꿈을 이루기 위해 달려가기 시작했는데 삐걱거리는가? 특별히 인간관계가 자꾸 문제의 진원이 되는가? 누구든 가까워지면 곧 갈등이 시작되는가? 거절감에 대한 두려움 때문에 사랑에 알레르기 반응을 일으키는가? 그렇다면 첫 단추부터 풀어서 다시 꿰라. 그래서 당신이 부모와의 관계에서 받은 상처가 결혼하기 전에 해결되기를 바란다. 마음속의 상처가 보물단지인 양 끌어안고 신혼집에 들어갔다가는 자살폭탄이 되고 만다.

가정은 모든 복의 근원

그럼 도대체 불완전한 부모, 부정적 영향을 준 부모, 상처와 아픔과 악몽을 준 부모를 왜 사랑해야 하는가?

> "네 아버지와 어머니를 공경하라 이것은 약속이 있는 첫 계명이니 이로써 네가 잘되고 땅에서 장수하리라" 엡 6:2-3.

세상에 태어나 첫 번째 만남이 좋아야 이후로도 좋다는 말씀이다. 이것이 하나님께서 축복을 약속하신 첫 번째 계명이다. 이 계명만 잘 지키면 하나님이 땅에서 잘되고 장수하는 복을 주시겠다고 약속하신다.

나는 그런 복 필요 없다고 말하지 말라. 당신의 부모 뒤에는 하나님이 계시다.

> "아담은 백삼십 세에 자기의 모양 곧 자기의 형상과 같은 아들을 낳아 이름을 셋이라 하였고" 창 5:3.

인간은 육적으로는 부모의 형상이지만 영적으로는 하나님의 형상이다. 그러므로 우리에게는 육신의 아버지가 계시듯이 영혼의 아버지가 계시다. 그런데 육신의 아버지와 관계에 장애가 있는 사람은 영혼의 아버지와도 관계에 장애가 생긴다. 역으로 하나님 아빠의 사랑을 경험하면 육신의 부모와도 관계가 회복된다. 그러고 나면 모든 인간관계도 회복된다. 당신도 그 회복을 원하지 않는가?

하나님은 모든 복이 행복한 가정으로부터 흘러가도록 만드셨다. 그러면 그 복들은 과연 무엇인가?

첫째, 사랑이다.

부모의 사랑을 이해할 때 우리는 하나님의 사랑을 이해하게 된다. 사실 어려서는 잘 모르지만 머리가 굵어지면서 부모를 판단하기 시작한다. 주된 불만은 이런 것이다. "왜 엄마 아빠는 일관성이 없는가?", "이렇게 작은 일에 왜 그렇게 화를 내는가?", "저렇게 못된 짓을 하는 형(동생)을 매번 봐주니까 저 모양 저 꼴이 되는 거다!"

그렇게 하나님 아빠에게도 불만을 퍼붓는다. 악한 세상을 보면 선하신 하나님이 어떻게 침묵할 수 있는가 비난한다! 공의의 하나님으로서 역할하라는 것이다. 그러나 노아 홍수, 최후 심판, 지옥 같은 주제가 나오면 잔인한 하나님이라고 몰아붙인다! 사랑의 하나님으로서 역할하라는 것이다. 내가 볼 때 하나님께 일관성이 없는 게 아니라, 따지는 인간에게 일관성이 없다.

나는 요즘 이렇게 대답한다. "너도 자식 낳아서 키워 봐라. 일관성 있게 할 수 있는지!" 자식이 잘못할 때마다 일관되게 혼낸다면? 아니면 자식이 잘못해도 일관되게 봐준다면 어떻게 될까? 둘 다 아이를 망치는 지름길이다. 물론 부모는 완벽하지 않다. 그러나 부모에게는 일관성이 있다. 그것은 징벌의 일관성이나 용서의 일관성이 아닌 사랑의 일관성이다. 부모가 작은 잘못에 매를 드는 것도, 반항하고 대드는 자녀를 눈물로 끌어안는 것도, 다 사랑 때문이다. 누가 하나님을 향해 손가락질 하며 일관성을 회복하라고 말할 수 있는가! 세상을 보라. 100% 자율이나 100% 통제는 정답이 될 수 없다. 오직 정답은 사랑뿐이다.

둘째, 지혜다.

오늘날 자녀들이 부모 말 듣기를 얼마나 힘들어하는지 모른다. 왜? 듣기 싫으니까. 잔소리니까. 그래서 부모가 말 한마디 할라치면 인상 쓰며 문 닫고 들어가 버린다. 했던 얘기 또 하고 또 하니까 짜증이 난다. 그러니 성경을 보면서는 얼마나 짜증이 날까. 뭐 이렇게 잔소리가 많으신지. "내가 너 사랑한다. 내 아들 믿어라. 그럼 구원받는다. 천국에서 보자. 끝!" 얼마나 쌈박한가! 그런데 했던 얘기 또 하고 또 하고 이 시대에도 하고 저 시대에도 하고…. 그러니 부모 말 듣기도 싫어하는 세대가 어떻게 하늘 아빠 어록에 관심을 가지랴! 별나라 외계언어일 뿐이다.

이런 말이 있다.

"아이들에게 열 살 때까지는 아빠가 슈퍼맨처럼 전지전능한 존재다. 그러나 10대가 되면 아버지도 모르는 게 많다는 걸 알게 된다. 20대가 되면 아버지가 하는 것 중에 맞는 게 하나도 없어 보인다. 30대가 되어 내 아이를 낳아 키우다 보면 아버지의 심정이 어땠을까 생각하게 된다. 40대가 되면 아버지 말씀 중에 귀담아들을 말씀이 많다는 것을 알게 된다. 50대가 되면 이럴 때 아버지라면 어떤 결정을 하셨을까 생각한다. 60대가 되면 아버지의 말씀 중에 틀린 게 하나도 없다는 것을 인정하게 된다. 그러나 더 이상 아버지는 곁에 계시지 않는다."

그래서 아버지와 어머니에게서 지혜를 배우는 자는 복되다. 왜냐면 그 지혜는 지식이나 경험에서 오는 것이 아니라 당신을 향한 깊은 사랑에서 나오기 때문이다. 그래서 부모의 말도 하나님의 말씀도 귀가 아닌 가슴으로 들어야 들리는 법이다.

셋째, 사귐이다.

하나님은 우리와 인격적인 사귐을 원하신다. 그런데 우리는 자꾸 극단적인 율법주의나 신비주의로 치우친다. 왜 그럴까? 가정에서 부모와 인격적인 대화와 교제를 나눠 본 적이 없기 때문이다. 성적과 등수를 강조하는 업적 위주의 자녀교육이 율법주의적 신앙을 낳는다. 한편 명절의 가족 모임이나 생일잔치, 가족 여행 등이 나눔은 없고 이벤트만 있는 비본질적인 가족관계에 불과하다면 그것은 은사주의, 현상주의, 신비주의 신앙을 만들게 된다.

지금까지 우리 가정이 업적과 이벤트로 명맥을 유지해 왔다면, 이제는 대화와 가정예배로 사귐을 회복하라. 명절 때든 생일 때든 여행 때든 가족이 함께 둘러앉아 예배하는 시간을 가지라. 예배 자체가 소통의 자리이기 때문이다. 딱딱한 예배는 금물이다!

가정예배는 하나님과 대화하고 자녀들과 대화하는 자리다. 부모는 성경의 핵심만 제시하고 삶의 정답은 대화 가운데 깨닫게 하라. 부모가 자녀와 평생을 소통할 수 있는 채널은 신앙이다. 이런 믿음의 유산을 받은 자는 감사하고, 받지 못한 자라면 앞으로 당신이 물려주는 사람이 되라.

넷째, 헌신이다.

오늘날의 세대를 보면 헌신을 상당히 두려워한다. 연애와 로맨스는 좋은데 결혼은 두렵다. 상대가 마음에 들고 분위기 좋으면 사귄다. 그러나 정작 힘든 이야기가 나오기 시작하면 '여기까지!' 하며 귀를 닫아 버린다. '연애하는 건 좋은데 네 상처까지 감당하고 싶은 생각은 없다'는 것이다. 그러니 어떻게 앞으로 출산, 육아, 살림, 재정, 시부모, 처가, 이 모든 무거운 책임에 헌신하겠는가! 결혼도, 신앙도, 우정도, 사명도, 헌신이 없다면 모두 무의미하고 불행하다. 왜? 내 한 목숨을 걸 만한 열정도 가치도 없기 때문이다.

얼마 전 한 자매가 급하게 나를 붙잡고 상담을 요청했다. "십일조를 하는 게 정말 마음이 어려운데 꼭 해야 하나요?" 그래서 십일조의 성경적인 의미를 설명해 줬다. 그런데도 재차 삼차 동일한 질문을 한다. 결국 이렇게 대답했다. "자매님, 만약에 어떤 사람이 나를 낳아 주시고 키워 주신 부모님께 '꼭 용돈을 드려야 하나요?'라고 묻는다면 저는 대답할 말이 없습니다." 연애하면서 "내가 꼭 너랑 결혼해야 하니?"라고 묻는 사람에게는 답이 없다. 자식 낳아 놓고서 "내가 꼭 널 키워야 하니?" 묻는 사람에게도 답이 없다.

'사랑의 수고'(살전 1:3)를 가정에서 배우라. 사랑하기에 기꺼이 헌신할 수 있는 사람이 최고로 행복한 사람이다.

부모를 용납하고 가정을 회복하라

사랑하는 젊은이들이여, 가정에 새로운 역사를 쓰라. 인생의 과거를 바꿀 수는 없지만 과거를 반복하지 않을 수는 있다. 역사를 바꾼다는 것은 과거를 바꾸는 것이 아니라 과거가 반복되지 않게 만드는 것이다. 역사에는 조건절이 없다. 그러나 역사는 단 하나의 조건절을 남긴다. '다시 또 그런 일이 일어난다면.' 역사는 유사 반복 재생된다. 지우고 싶은 과거를 덮어 둔다고 지워지지 않는다. 오히려 기억하고 치유해야만 미래가 미래다워진다. 당신이 세울 미래의 가정이 행복하고 싶다면, 과거의 가정부터 행복하게 만들라.

청년들이여, 반역의 역사를 쓴 여로보암을 따라가지 말라. 대신에 사울을 용납한 다윗의 역사를 따라가라. 하나님이 세우신 왕이기에, 또 한때 고아 같던 자신에게 아버지와 같은 분이었기에, 다윗은 사울에게 칼을 댈 수 없었다. 그런 다윗이었기에 하나님은 그를 통해 역사를 바꾸실 수 있었다.

청년들이여, 부모 비난하는 말을 껌 씹듯이 쉽게 내뱉지 말라. 당신의 부모를 용납하면 한 가문의 역사가 바뀔 것이다. 부모가 신앙생활 한다고 핍박했을지라도, 일방적으로 분노와 학대를 쏟아부었을지라도, 미워하지 말라. 절연하지 말라. 그러면 반드시 관계를 회복할 기회가 온다. 왜냐면 그토록 강하던 부모도 자식을 의지하게 될 날이 오기 때문이다.

오래전 미국에 입양된 한국 아이가 있었다. 아이는 소년이 되었지만 엄마가 왜 자기를 버렸는지 알 수 없었다. 마침내 소년이 고등학교를 졸업한 어느 날, 양아버지가 그를 데리고 한국에 왔다. 공항에 내리더니 아빠는 아들을 차에 태우고 어느 시골길을 달렸다. 그리고 조그만 다리 밑에 데리고 가더니 말했다.

"여기서 17년 전에 너를 발견했단다. 그때 한국에 6·25라는 큰 전쟁이 일어났지. 북한군들이 밀고 내려와 사람들이 한겨울에 피난을 가야 했지. 군용 지프를 타고 이곳을 지나다가 아기 우는 소리를 들었단다. 보니까 아기가 다리 밑에서 울고 있는 거야. 그런데 아기 옆에는 어떤 여자가 발가벗은 채 얼어 죽어 있었단다. 그 엄마는 밤새 눈보라가 치고 추워지니까 자기가 입던 옷을 하나씩 벗어서 아기에게 덮어 주고는 자신은 얼어 죽은 거였단다."

아들은 자기를 버린 줄만 알았던 엄마가 목숨을 걸고 자기를 사랑했다는 사실을 알게 되었다. 그리고는 옷을 하나씩 벗으며 무릎을 꿇고 말했다.

"엄마, 날 그렇게 사랑하셨군요. 나도 당신을 사랑합니다."

이것이 은혜요 사랑이다. 은혜를 입은 사람은 억울해서 우는 게 아니라 가슴이 벅차서 울게 된다. 더 이상 부모를 원망하지 말라. 뭐만 잘못되면 부모 탓하고 대들고 무시하고 그러지 말라. 크리스천들도 뭐만 잘못되면 하나님 원망하고 대들지 않는가. 하소연할 부모가 있음에 감사하라. 찾아가 통곡할 하나님이 계심에 그저 감사하라.

세월이 흘러 어느덧 나도 한 여인의 남편이 되었고 두 아이의 아버지가 되었다. 가끔 아이들을 볼 때 가슴이 아려 온다. 아이들이 어릴 때 교회사역에 헌신해서 살았기 때문이다. 나는 사명중독이라고 했지만 아내는 일중독이라고 했다. '교회가 먼저인가? 가정이 먼저인가?' 라는 질문을 들으면 늘 나의 영혼은 움찔할 수밖에 없었다. 내 눈물의 헌신은 당연한 것이었지만, 가족이 흘린 눈물의 헌신은 안타까운 것이었다. 하지만 하나님은 캐나다에서 가족의 의미를 돌이켜 보고 회복할 수 있는 시간을 허락해 주셨다. 지금은 아이들과 뒹굴고 얘기하는 것이 세상 그 무엇보다도 행복하고 즐겁다.

나도 젊어서는 아버지를 지독하게 원망했다. 20대 중반에는 아버지를 용서하려고 노력했지만 쉽지 않았다. 그러나 30대의 어느 날 나는 아버지의 삶을 이해하게 되었다. 인생이 자기 하나 간수하기도 힘든데 가족을 위해 몸부림치며 사셨다는 것만으로도 눈물겨운 성공사례임을 깨달았기 때문이다. 용서는 정죄할 것을 참는 것이지만 용납은 그냥 받아들이는 것이다. 나도 못난 아버지이고 죄 많은 인생인데 내가 누구를 용서하겠는가!

당신의 부모를 용서하려고
애쓰지 마라.

우리는 그저 서로를 용납할 뿐이다.

오직 은혜로만
가정은 천국이
될 수 있기에.

18.

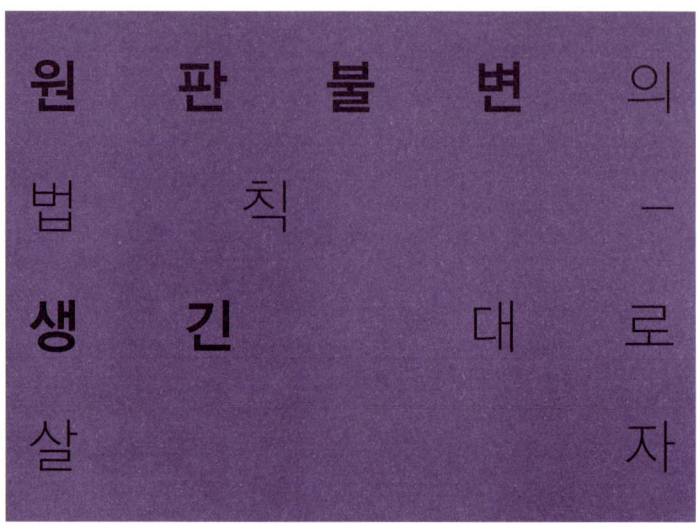

원판불변의 법칙대로 생긴 대로 살자

"내가 비록 검으나 아름다우니"
아 1:5

나는 소심한 디모데 같은 사람이기에 바나바 같은 인간관계, 베드로 같은 열정, 바울과 같은 추진력이 늘 부러웠다. 그러나 문제는 내가 아니라 나를 붙잡고 있는 분이라는 사실을 알게 되었다. 내가 비록 값싼 악기일지라도 그분의 손에 붙들리면 놀라운 인생이 된다. 하나님은 나를 그렇게 만드신 것을 한 번도 후회하신 적이 없다. 오히려 특별한 계획으로 나를 그렇게 만드셨다.

"내가 비록 검으나 아름다우니" 아 1:5.

내 노트북에 붙여 놓은 말씀이다.

왜 이 말씀을 붙여 놓았을까? 나는 정기적으로 이런 격려의 말씀을 듣지 않으면 안 되는 낮은 자존감의 사람이기 때문이다. 그래서 더불어 붙여 놓은 말씀이 있다.

"나는 여호와께서 보시기에 귀중한 사람이 됐다" 사 49:5, 우리말.

이런 말씀 자꾸 봐 줘야 한다. 그렇지 않으면 내 관점에서 보게 되고 그러면 나는 여지없이 초라한 사람이기 때문이다.

도대체 왜 나는 지난 30여 년을 낮은 자존감에 허덕여야 했는가?

첫째, 나는 트리플 우울한 인생이었기 때문이다. 기질상 우울질로 태어나 우울한 가정환경에서 우울한 유소년기를 보냈기 때문이다. 도대체 깊은 우울에서 헤쳐 나올 길이 없었다. 아니 헤쳐 나올 생각조차 하지 않았다.

둘째, 나는 트리플 미달인 인생이었기 때문이다. 허약한 어머님의 끝물로 태어나 건강도 안 좋았고, 몸이 안 좋으니 짜증만 많아서 성격도 안 좋았고, 뇌에도 영양분이 부족했는지 머리도 안 좋았다. 소망 없는 아이였다.

셋째, 나는 트리플 독특한 인생이었기 때문이다. 남자가 보라색을 편집증적으로 좋아하고, 완벽하지도 못하면서 지나치게 완벽주의 기질이며, 눈과 귀는 얼마나 예민한지 도무지 이렇게 살고 싶지 않을 정도였다.

그러나 이제는 이해한다. 하나님의 계획을.
내가 우울한 인생이 아니었다면, 가벼운 인생이 되었을 것이다.
내가 미달인 인생이 아니었다면, 은혜를 체험하지 못했을 것이다.
내가 독특한 인생이 아니었다면, 그분의 계획을 깨닫지 못했을 것이다.

나를 바꾼 한마디 "너 자신이 돼라"

나는 참 많이 자유해졌다. 이제는 자존감의 문제와 씨름하기보다는 사명감의 문제와 씨름하며 산다. 내가 누구인지 알았으니 사명을 다 하리라는 각오로 산다. 예전에는 멈춰 선 인생이면서도 마음이 분주했는데, 이제는 달리는 인생이면서도 마음에 여유가 있다. 왜? 내가 누구인지 알게 되었기 때문이다.

사실 나의 두 형님은 너무나 훌륭했다. 공부도 잘하고 운동도 잘하고 인기도 많고 리더십도 있었다. 그러나 나는 아무것도 할 줄 아는 게 없었다. 그래서 어려서 부모님께 혼나고 이불 뒤집어쓰고 누워 있을 때, 형들이 "넌 다리 밑에서 주워 왔어"하고 놀리면 나는 그 말이 사실인 줄 알고 더 서럽게 울었다. 그만큼 나는 덜떨어진 아이였다.

고등학교에 입학할 때다. 큰형이 졸업한 해에 나는 그 학교의 신입생으로 입학했다. 당시 큰형은 그 학교에서 공부와 운동과 리더십으로 전설적인 인물이었다. 입학생 명단을 확인해 주던 선생님이 내 목소리만 듣고도 "너 상민이 동생이지?" 하는 순간 형의 아우라Aura를 실감할 수 있었다. 수업 시간에 선생님이 낸 문제에 대답을 못하면 바로 들려오는 말이 있었다. "실망이다. 네 형은 그러지 않았다." 그러면 나는 상처받기는커녕 감격스러워서 눈물이 날 지경이었다. '우리 형이 정말 대단했구나!' 내 마음속에서 형과 나는 비교 대상조차 되지 않았다. 그만큼 나는 형에 비하면 초라한 인생이었다.

나는 내가 너무 마음에 안 들어 늘 하나님을 원망했다. "하나님, 왜 날 이렇게 만드셨습니까? 다른 사람들은 저렇게 멀쩡한데, 나만 왜 이렇게 병신같이 만드셨습니까!" 지금도 수많은 청소년들과 청년들이 이 문제로 고민하는 것을 안다. 내가 마음에 들지 않아서 다른 나를 만들고 싶고, 다른 사람을 카피하고 싶고, 그러나 곧 2%밖에 마음에 들지 않는 자기 자신을 발견하고 실망하지 않는가?

그러나 아니다. 이제는 당신 자신을 사랑하라. 왜? 하나님이 당신을 그렇게 만드셨기 때문이다. 왜? 다 이유가 있기 때문에 그렇게 만드셨다. 하나님은 "네 이웃을 네 몸과 같이 사랑하라"고 말씀하셨다. 무슨 말인가? 당신 자신을 먼저 사랑할 수 있어야 그 누구도 사랑할 수 있다는 뜻이다. 당신 자신을 그분이 지어 주신 그대로 사랑하라.

나는 보라색을 참 좋아한다. 이상하다. 사람들도 이상하다고 한다. 나도 말하기가 좀 그랬다. 색깔로 기질을 알아보는 글들을 보면, 보라색을 좋아하는 사람은 '사이코, 정서장애, 우울질, 편집증적인 집착, 사치 성향, 예술가 기질' 등과 연관된다. 마지막 한 가지를 빼고는 몹쓸 인생이다.

그래도 나는 보라색이 좋다. 어려서부터 초록색을 보면 기겁했지만 보라색은 다 좋았다. 과일 중에는 포도가 제일 좋았고, 꽃 중에는 보라색 나팔꽃과 연보라 코스모스를 제일 좋아했다. 보랏빛 라일락 향기를 맡으면 미칠 듯이 좋았다. 초록색을 싫어해서 야채와 나물을 보면 질색했지만 유일하게 보랏빛 가지나물은 무척 좋아했다. 동물의 사체 색깔이 보라색이지 않은가? 보랏빛 핏빛 나는 고기들은 죄다 좋아했다.

그러니 남자로서 이렇게 특이한 색을 좋아한다고 드러내고 말할 수 없었다. 캐나다 밴쿠버에서 4년간 목회할 때는 더더욱 말할 수 없었다. 보라색이나 핑크색은 게이 친화적인 색깔이기 때문이다. 생각할수록 억울하다! 하나님이 만드신 아름다운 색들을 원수에게 다 빼앗기다니! 가령, 무지개가 성경에서는 은혜의 언약을 상징하는데, 이 또한 동성애자들의 상징이 되지 않았는가!

그런데 내게 놀라운 날이 왔다. 어느 날 S목사님을 초대하여 특별집회를 할 때였다. 목사님은 자신이 다문화적 배경으로 인해 고민했던 시간들을 말씀하시면서 "너 자신이 돼라!"고 선포하셨다. 그날 그분의 강의를 듣고 나는 자유해졌다. 남자들은 모두 칙칙한 색깔만 입고 다니는 밴쿠버에서 형광 보라색 니트를 입고 도심 한복판을 활보했다. 사람들이 다 쳐다보았다. 2층 버스에서도 쳐다보고 거리에서도 쳐다봤다. 그러나 나는 자유했다!

문제는 내가 아니다

"나는 스스로 있는 자이니라" 출 3:14.

하나님이 하신 말씀이다. 하나님의 자존성이요 흔들릴 수 없는 자존감이다. 그리고 그분의 지으심을 받은 나도 마찬가지다. 그분이 나를 이렇게 만드셨다. 나는 나다. 자연스럽다Natural는 것이 무엇인가? 하나님이 지으신 그대로가 자연스러운 것이다. 그것이 본래적인 것이다. 여기서 자기 긍정이 나오고 건강한 자아상이 나온다.

건강한 자아상이 왜 중요한가? 내적 치유는 사후 대책이지만 건강한 자아상은 예방책이기 때문이다. 건강한 자아상을 가지면 상처받지 않는다.

2천 년 전 수많은 사람들이 예수님께 와서 "네가 무슨 하나님의 아들이냐!"고 빈정대고 공격했지만, 예수님은 한 번도 상처를 받으신 적이 없다. 어떻게 그럴 수 있는가? 단 한 가지, 당신이 누구인지 알고 계셨기 때문이다.

과거에 나는 내 소심함이 참 마음에 들지 않았다. 그런데 성경을 보니까 하나님도 상당히 까칠하시다는 것을 알게 되었다. 장막 뒤에서 웃지 않았다고 잡아떼는 사라한테 끝까지 "아니! 너 웃었거든!"하시며 꼬장꼬장하게 말씀하시는 하나님을 보면서 얼마나 동질감을 느꼈는지 모른다. 그런데 이런 나를 주님이 붙드셔서 주님의 민감함으로 사람들을 섬기라고 하신다.

나는 정이 부족한 나 자신이 참 마음에 들지 않았다. 나는 사람 중심이 아니라 사명 중심이다. 좋게 말해서 사명 중심이지 사실 일 중심이다. 마치 영화〈토이스토리〉Toy Story, 1995에 나오는 버즈Buzz 같다. 무슨 소리만 들려도 사주경계四周警戒하며 적이 출현했다고 레이저를 쏘려 한다. 그런데 이런 나를 하나님께서 붙드셔서 하나님 나라를 일으키는 사명에 목숨을 걸게 하신다.

나는 내 예민함을 정말 떨쳐버리고 싶었다. 어느 공간에 들어가면 내 동공은 모든 움직임을 파악하고 내 귀는 냉장고 돌아가는 소리까지 감지한다. 눈은 예민해서 빛 알레르기가 있고, 귀는 쥐들만 듣는다는 고주파 차단기의 소리까지 듣는다. 피곤한 인생이다. 그러니 곁에 있는 사람들은 얼마나 피곤할까! 그러나 이런 나를 성령께서 붙드셔서 민감하게 하나님의 말씀을 묵상하고 선포하게 하신다.

이것이 나의 갈 길이다. 회개할 부분이 있다면 내가 하나님의 손에 붙들리지 않고 사는 것이지, 나 자신의 성향과 기질 자체는 회개하거나 고칠 거리가 아니다. 그저 그분이 그렇게 만드셨을 뿐이다. 누군가 당신의 있는 모습 그대로를 비난한다면, 당신을 만드신 분께 따지라고 하라.

사실 우리는 다른 누군가의 평가를 받지 않아도 스스로 고치고 싶은 점이 많다는 것을 안다. 성격도, 재능도, 얼굴도, 몸매도, 학력도, 배경도. 도대체 우리가 우리 자신을 인정하는 부분이 얼마나 되겠는가? 모조리 뜯어고치려고 들면 인조인간이 되고야 말것이다. 그러나 원판불변의 법칙이다. 하나님이 원래 주신 그대로가 최고다. 더 이상 고칠 것이 없다.

사람은 디모데와 같이 소심한 A형이 있는가 하면, 바나바와 같이 둥글둥글한 O형이 있고, 베드로와 같이 다혈질의 AB형이 있고, 사도 바울과 같이 불굴의 의지를 가진 B형도 있다.

단순도식은 불가능하지만, 각 사람을 다르게 지으신 분이 하나님이시다. 나는 디모데 같은 사람이기에 바나바 같은 원만한 인간관계, 베드로 같은 열정, 바울과 같은 추진력이 늘 부러웠다. 그러나 문제는 내가 아니라 나를 붙잡고 있는 분이라는 사실을 알게 되었다.

추운 겨울날 뉴욕의 지하철에 한 걸인이 바이올린을 연주하며 구걸하고 있었다. 그런데 갑자기 줄 하나가 뚝 끊어졌다. 그러더니 추위를 이기지 못하고 두 번째 세 번째 줄도 끊어졌다. 걸인은 바이올린을 떨어뜨린 채 절망하여 고개를 떨궜다. 그때 지나가던 한 노신사가 그에게 바이올린을 달라고 했다. 그러더니 그 노신사는 한 줄짜리 바이올린으로 아름다운 선율을 연주하기 시작했다. 수많은 인파가 몰려들기 시작했고 걸인은 놀라운 축복을 경험했다. 어떻게 이런 일이 가능했을까? 그 노신사는 뉴욕 필하모닉 오케스트라의 수석 바이올리니스트였기 때문이다.

그렇다. 내 기질이나 재능이나 성격의 문제가 아니다. 그것이 누구의 손에 잡혀 있는가가 문제다. 내가 한 줄짜리 바이올린일지라도 그분의 손에 붙들리면 나는 놀라운 음악을 연주하는 인생이 된다. 실제로 역사상 최고의 바이올린 연주가로 인정받는 파가니니 Niccolo Paganini는 음악회를 열어 놓고 일부러 한 줄짜리 바이올린을 들고 무대에 올라갔다고 한다.

당신은 몇 줄짜리 인생인가? 당신이 최고의 악기일지라도 초보자의 손에 있으면 별 볼 일 없는 인생이 될 것이요, 당신이 값싼 악기일지라도 그분의 손에 붙들리면 놀라운 인생이 될 것이다. 절대로 자신의 존재를 부끄러워하지 말라. 절대로 남을 부러워하지 말라. 부러우면 지는 것이 아니라 부러우면 아직도 모르는 것이다. 내가 누구인지를. 하나님은 당신을 그렇게 만드신 것을 한 번도 후회하신 적이 없다.

"하나님의 은사와 부르심에는 후회하심이 없느니라" 롬 11:29.

이제는 피곤하게 살지 마라.
이제는 순리대로 살아가라.

나는 인생 전반까지만 해도 '안 되면 되게 하라!'를 모토로 살았다.
그러나 인생 후반에는 '생긴 대로 살자!'가 모토가 되었다.
왜? 그분이 특별한 계획으로 나를 이렇게 만드셨기 때문이다.

당신 인생의 어느 퍼즐 조각 하나도
마음대로 버리거나 변형시키지 말라.
천 피스 만 피스짜리 인생의 퍼즐판이 완성되는 것을
두 눈으로 보고 싶다면.
당신은 지금 그 모습 그대로가 최고다.
다만 한 피스도 흘리지 말고 그분의 손에 얹어 드리라.

그분이 완성하실 것이다!
소름이 돋을 정도로 완전하게!

19.

인생은 정답찾기가 아니다

"내가 부를 때에 응답하소서"
시 4:1

인생의 답은 하나님과 내가 함께 만들어 가는 것이다. 하나님은 대화를 원하시는데 당신은 결정해서 대답만 통보하라고 하는가? 하나님은 질의응답의 기계적인 관계를 원하시는 것이 아니라 동행이라는 인격적인 관계를 원하신다. 당신은 그 무엇보다. 그 누구보다. 당신 자신보다. 하나님을 더 사랑하는가? 그분을 뜨겁게 사랑하라. 이것이 모든 질문에 대한 최선의 대답이다.

우리가 기도하는 이유는 무엇인가?
응답을 받기 위해서.
우리가 성경 보는 이유는 무엇인가?
해답을 찾기 원해서.
우리가 질문하는 이유는 무엇인가?
정답을 알고 싶어서.

성도들이 목사를 찾는다. 기도를 받기 위해서, 상담하기 위해서. 물론 위로와 공감이 필요해서 찾아오는 사람들도 있다. 하지만 대부분은 답을 원한다. 답답한 인생을 확 뚫어 줄 답을 알고 싶어 한다. 그런데 그렇게 늘 답을 찾는데도 인생은 여전히 답답하다. 이유가 무엇인가? 답을 주어도 답보상태踏步狀態에 빠지는 이유는 무엇인가?

당신이 정답이 돼라

한번은 부부관계에 갈등이 있는 집사님이 어려움을 토로하며 상담하러 왔다. 내가 그분에게 드린 마지막 권면은 이것이었다.

"기도하며 사랑하며 용서하며 섬기며 꼭 어려움을 잘 이겨 내시기 바랍니다. 사랑 외에는 아무런 정답이 없습니다. 사랑하고 또 사랑하

고 또 사랑하십시오."

그렇다. 부부간에 갈등도 많고 논쟁할 일도 많지만, 정답을 어렵게 도출해 낸들 그 정답을 만들기까지 비난하고 반목하고 상처 주었다면 정답 자체가 무의미해지지 않겠는가! 우리는 왜 답에 목을 매는가? 그 답이 정말 답답한 인생을 해갈해 주는가?

20대 후반의 청년이 상담을 요청했다. 6년간 다니던 교회가 어려워져서 교인의 절반이 떠났단다. 이 청년도 다른 교회로 옮기게 되었다. 그런데 문제는 예배에는 충만한 은혜가 있는데 소그룹은 냉랭하다 못해 세상적이기까지 했다. '다시 옮겨야 하는가?' 갈등하는 청년에게 대답했다.

"오늘날 한국 교회의 안타까운 현실입니다. 다만 교회를 옮기는 것이 꼭 정답은 아니라고 생각합니다. 그러나 주님의 인도하심이 있다면 해야 하겠죠. 기도하고 결정하십시오. 다만 당신 자신이 그런 온전한 공동체를 세워 갈 수 있는 영성과 실력과 리더십을 갖추기 위해 준비하십시오."

속 시원한 정답을 원하던 사람들에게는 기도하고 결정하라는 말이 목사의 책임 회피로 들릴지도 모른다. 그러나 기도와 말씀만이 정도 正道다.

그리고 또 하나, 당신 자신이 정답 없는 세상에 정답이 되어야 한다. 지금 당장 정답이 없다면 그 정답은 정성껏 만들어 가야 한다. 이것이 크리스천의 사명이다.

얼마 전 한 자매가 장문의 이메일을 보내 왔다. 요약하면 '8년간 교제해 온 사람이 있는데 결혼을 하면 그동안 준비해 온 유학은 연기하거나 포기해야 한다. 비전을 위해 유학을 가야 하는가, 아니면 사랑을 위해 결혼해야 하는가?'이다. 나는 자매에게 다음과 같이 답장을 보냈다.

사랑과 비전, 결국에는 자매가 결정해야 합니다.
답은 자매 안에 있기 때문입니다.
인생의 시험은 자기 스스로 치러야 합니다.
누가 대신 봐 줄 수가 없어요.
고민도 결정도 결국에 혼자 하는 것입니다.

기도하세요.
주님의 음성도 구하고
자기 내면의 소리에도 진실하세요.

그리고 선택한 길에 대해서
후회하지 마세요.
후회는 아무런 도움도 되지 않아요.
어차피 인생은
정답 찾기가 아니라
사랑하기에 내리는 자발적인 선택의 연속입니다.

그리고는

그 힘으로

끝까지 가는 것입니다.

뒤돌아보지 않고.

주님의

부르심을 따라.

어떤 것도 정답이 될 수 없는 이유

목사는 정말 다양한 질문을 받는다. 길일로 받은 예식일에 결혼해도 되는가? 작명가에게 받은 이름을 아기에게 주어도 되는가? 교제하는 사람과 갈등이 있는데 결혼해도 되는가? 부모님 교회를 억지로 다니지만 은혜를 받지 못하는데 옮겨도 되는가? 다시는 상처받고 싶지 않은데 어떻게 교제해야 하는가?

지금까지 나는 수많은 상담과 이메일과 문자에 정성껏 답을 해 주었다. 그러나 정답 찾기에만 몰두하는 사람들을 보면서 어느 날부터 불안해지기 시작했다. 그들에게는 답을 주어도 답이 되지 않기 때문이다. 왜 답이 답이 되지 못하는가?

첫째, 들리지 않기 때문이고 보이지 않기 때문이다.

하나님이 응답을 주시지 않는 게 아니라 들을 수 있는 귀가 없기 때문이다. 영적 청력이 바닥에 떨어졌기 때문이다. 진정한 해답은 하나님 그분이신데, 인류의 정답은 오직 그리스도인데, 그분이 내 앞에 서 계신데도 계속 답을 내놓으라니! 답이 답이 되지 못하는 것은 그분을 못 알아보기 때문이다.

2천 년 전 한 청년이 예수님께 달려와 진지한 질문을 던졌다.
"내가 무엇을 하여야 영생을 얻으리이까?"
그는 사회적 지위와 경제적 능력과 경건한 신앙을 소유한 엄친아였다. 그러나 주님이 제시한 답은 그에게 답이 되지 못했다. 왜? 부자에게 소유를 다 팔아 나눠 주고 따라오라고 했기 때문이다. 그가 그 답을 받아들이지 못한 것은 주님이 어려운 요구를 하셔서가 아니라, 인생의 정답 되시는 주님을 알아보는 안목이 없었기 때문이다. 정확히 말하자면, 주님이 얼마나 소중한 분인지 모르기 때문이었다. 하나님의 응답이 목적이지 하나님 그분이 목적은 아니었기 때문이다.
로맨스가 목적이지 그 사람 자체가 목적이 아닌 사람은 절대 결혼하지 않는다. 아니 그런 사람과 결혼해도 문제다. 그 청년은 자신이 찾던 정답이 어떤 영적 공식이나 비밀이 아니라 바로 하나님의 아들 예수 그리스도라는 점을 몰랐다. 주님을 만난 사람들은 모두가 주님이 그들 인생의 해답이 되었다. 그러나 주님이 내 앞에 계신데도 또 다른 해답을 달라고 하는 사람에게는 아무 답이 있을 수 없다.

둘째, 답을 알아도 다시 그런 문제가 나올 때 풀 줄 모르기 때문이다. 왜? 풀 수 있는 실력이 안 되기 때문이다.

급하게 정답만 알면 뭐 하는가? 풀이를 모르는데. 마치 이런 것이다. 학생이 수학 문제집을 풀다가 잘 안 풀리면 얼른 답안지를 보고 싶어 한다. 그러나 그렇게 답을 보고 베끼면 실력이 늘지 않는다. 예언기도 받고 목사에게 정답 듣는다고 본인의 영적인 실력이 느는 것은 아닌 것이다.

정답을 알기 원하는가? 정답을 얻기 위한 씨름을 하라. 물고기 잡는 것이 급해도 잠시 배고픔을 참고 물고기 잡는 법을 배우라. 인생의 답을 몰라 답답해도 답답한 채로 있으라. 다만 말씀을 붙들고 씨름하며 기도로 엎드리라. 삶 속에 끊임없이 하나님의 진리를 적용하라. 계속해서 분별과 반추의 훈련을 하라. 언제 어떤 문제가 나와도 풀 수 있는 능력을 키우라. 족집게 과외를 선호하지 말고 광야의 훈련학교에 지원하라.

물론 하나님은 강청기도에 응답하신다. 그러나 그것도 하루 이틀이지 평생 그러면 반드시 사고 난다. 그래서 얍복 나루터에서 드린 야곱의 기도가 모범이 될 수는 없다. 응답받으면 뭐 하는가? 그는 응답받고 고비를 넘기자 이내 하나님을 잊었다. 에서의 고비를 넘기자 벧엘로 돌아가지 않고 맘대로 살았다. 그러다가 자기 딸 디나가 강간당하는 사건을 겪고서야 정신을 차리고 벧엘로 올라갔다(창 35:3). 우리에게는 정답을 얻는 짜릿한 순간보다 정답에 이르기까지의 진실한 과정이 필요하다.

마지막으로, 답이 답이 되지 못하는 것은 그분을 사랑하지 않기 때문이다.

사람이 사랑에 빠지면 초능력도 발휘된다. 못할 것이 없다. 사랑하면 계명도 기쁘게 지키게 된다. 그러나 사랑하지 않으면, 말씀은 죄다 부담이 되고, 응답도 귀에 들리지 않는다. 상대방의 마음은 알아서 뭐 하겠는가? 내가 그 마음을 받아들이고 싶은 사랑이 없다면, 차라리 묻지 않는 편이 낫다. 그래서 기도의 목적은 응답이 아닌 순종이다. 하나님의 마음을 알아내는 것보다 중요한 것은 내 마음을 드릴 준비를 하는 것이다. 그러면 응답은 언제든지 들린다.

인생의 답은 하나님과 내가 함께 만들어 가는 것이다. 하나님은 이거 해라 저거 해라 일방적으로 강요하는 것을 기뻐하시지 않는다. 그럴 참이었으면 자유의지는 왜 주셨겠는가? 하나님은 대화를 원하시는데 당신은 결정해서 대답만 통보하라고 하는가? 하나님은 질의응답의 기계적인 관계를 원하시는 것이 아니라 동행이라는 인격적인 관계를 원하신다.

당신은 그 무엇보다, 그 누구보다, 당신 자신보다, 하나님을 더 사랑하는가?

사랑 없는 정답은 이미 정답이 아니다.
그분을 뜨겁게 사랑하라.
이것이 모든 질문에 대한 최선의 대답이다.

〈20대 청년의 이메일〉

오랜만에 메일 보내요, 목사님. 새해라서 새로운 마음가짐으로 노력하며 살고 있습니다. 목사님께서 지난번에 메일 답변 주실 때에 기도는 응답이 목적이 아니라고 하셨죠. 근데 저는 제 상황이 어려워서 작은 희망이라도 보고 싶어서 간구했는데, 얼마 전에도 제게 정말 중요한 일이 있었는데, 주님은 역시나 응답하지 않으셨어요.

워낙 응답받은 적이 없어서 차라리 간구하지 말아야지 했지만, 그래도 제 사정 잘 아시는 주님이 조금이라도 힘을 주시지 않을까 해서, 제 길을 인도해 주시지 않을까 하는 마음으로 기도했죠. 그런데 또 무응답이시네요.

저는 주님과 대화하고 순종하라는 말이 그렇게 와 닿지 않아요. 기도해도 그 어떤 응답도 들리지 않고, 그렇다고 주님의 말씀이 들리는 것도 아닌데, 어떤 사람들이 상황을 자기 마음대로 해석하여 이건 주님의 뜻일 것이다 하는 얘기들도 거부감이 들 때가 많구요. 제가 먼저 당당해지고 제 꿈을 이뤄야지 주변 사람들을 자랑스럽게 전도도 할 수 있을 것 같은데 자꾸만 제 모습은 그 누구보다 나약하고 초라해지는 것 같아 마음이 좀 그렇네요. 전 나름대로 제 상황 속에서 최선을 다해 보려 하지만 자꾸 체력적으로나 의지력으로나 약해지는 모습을 볼 때, 제 자신이 너무 초라하고 바보 같아 보여요. 희망이 보이지 않는다고 했었는데, 올해는 좀 다르게 새로운 마음을 품고 변화하여 살아 보려고 했는데, 첫 시작부터 실패와 좌절을 또 맛봐서 씁쓸해요. 어릴 때부터 겪은 좌절이지만 그럼에도 불구하고 다시 또 주님을 찾곤 했는데 이젠 좀 지친다는 생각이 들어요.

조○○ 씨가 자살했죠? 그밖에도 많은 사람들이 자살을 해요. 크리스천들도 말이에요. 전 그들이 살려고 정말 발버둥 치고, 주님께 간구하고, 노력도 했지만 자꾸 자기 뜻대로 풀리지 않아 죽고 싶을 만큼 인생의 좌절과 회의가 커져서 그렇게 극단적인 선택을 한다고 생각해요. 그분이 진정한 크리스천이었는지 알 길은 없지만, 하나님을 믿는 사람이었다면 힘들 때 주님께 간구를 했겠죠. 본인의 상황이 너무 힘들고 비참하니 살 수 있는 길을 달라고. 그런데 본인의 노력과는 상관없이 상황이 계속 어려워지고, 나아갈 길도 보이지 않고, 그런데 주님은 무응답이시고, 그래서 더 좌절하여 그런 극단적인 선택을 한 게 아닐까요? '나를 돕는 주님은 없구나' 하는 느낌이 드는 순간 말예요. 사소한 것이라도 제가 잘했다기보다 주님께 먼저 감사하는 저인데도, 제가 이렇게 마음이 힘든데도 계속하여 외면하시는 것 같아 주님이 정말 원망스러워지는 날이에요, 목사님.

〈나의 답메일〉

자살.

희망 없음.

나도 자살의 유혹의 늪에서

3년을 빠져 지냈지만

○○아

절대로
어쩔 수 없는 상황이란 없어.

어떤 인간에게나
아무리 강한 통제 상황에서도
자신의 마음은 자신이 선택할 수 있는
자유가 있는 거란다.

네가 말하는
정말 어쩔 수 없는 완전 절망의 상황은
사탄의 거짓말일 뿐.
인간은 어떤 상황에서도 선택할 수 있는
마지막 자유의지의 보루가 남아 있는 거란다.

절망은 그래 절망이지
그러나 희망이 한 줌도 없다는 뜻은 아니란다.

아직 희망이 있어.

스스로 포기하지 않는 한
다시 일어날 수 있어.
어쩌면 하나님이 네게 응답을 안 하시는 게 아니라

네 마음이 너무 지쳐서 희망의 소리를 들을 수 없는
영혼의 청각장애가 되었을 수 있어.

빛이 없는 게 아니라 빛이 보이지 않는 거야.
하나님이 침묵하시는 게 아니라 그 음성이 네게 안 들리는 거야.

그 마음의 병부터
회복하는 게 급선무란다.
응답 해답 이런 거 내려놓고
하나님을 뜨겁게 만나거라.
그 길 외에는 네 영혼의 청력을
회복할 길이 없단다.

한 번 듣고 못 듣고 보다
더 중요한 것은
근본적인 청력을 회복하는 거란다.

그 청력은
하나님을 향한 신뢰와 사랑에서 나온단다.

내가 부족하지 않았다면
목자를 찾지도 만나지도 못했을 것이다.
내가 턱없이 부족했기에
나는 간절히 목자를 원했고 또 원했다.

그러나
그분이 나의 목자가 되는 순간
해갈과 충족의 은총을 입었으니
내게 아무런 부족함이 없으리로다.

부족하기에
부족함이 없는
이 인생의 역설로 인해
나는 또한 시간에서 영원으로,
지상에서 천상으로 가게 될 것이다.

P A R T
03
여호와는 나의 목자시니 내가 부족함이로다

20.

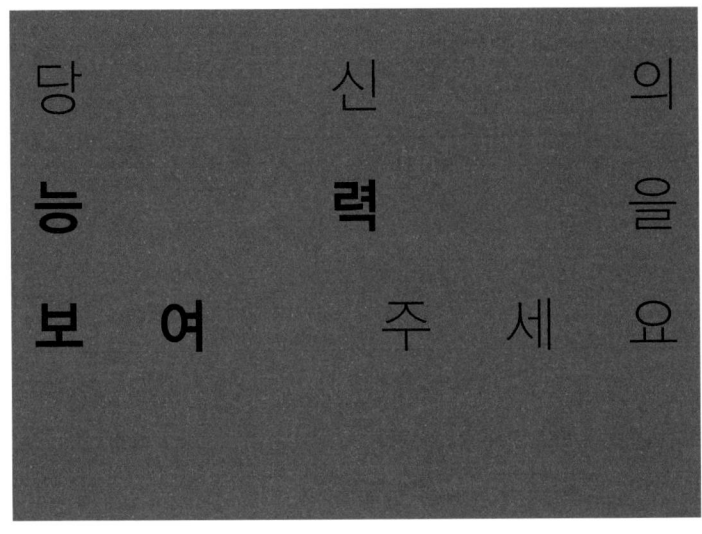

당신의 능력을 보여주세요

"모든 지킬 만한 것 중에 더욱 네 마음을 지키라"
잠 4:23

무엇을 결정하기 전에 태도를 결정하라. 태도를 결정하면 나머지는 자동으로 결정된다. 풀무불 같은 연단의 시간이 찾아오면, 지식과 경험을 익히기 전에 순도 높은 태도를 익히라. 폭풍우 같은 역경을 만나면, 목소리에 힘을 주거나 마음을 강퍅하게 하지 말고 중심의 태도를 강화시키라. 강하여 흔들리지 않으면서도 부드럽고 유연하게 역경을 헤쳐올 수 있을 것이다. 인생은 능력이 아닌 태도다.

■

"Show me the money!"(내게 돈을 보여 줘!)

이 말은 영화 〈제리 맥과이어〉Jerry Maguire, 1996에서 스포츠 에이전시의 매니저인 제리가 자신이 관리하던 미식축구 선수 로드에게 늘 들어야 했던 말이다. 말만 하지 말고 일을 성사시켜서 내게 떼돈을 벌게 해 달라는 요구였다. 결과로만 이야기하는 세상, '과정도 중요하다'고 말하면 쳐다보지도 않는 세상, 그런 세상을 향해 정말 소중한 것이 무엇인지를 생각하게 해 주는 영화다.

오늘날 세상은 노출증에 빠져 있다. 무엇인가를 끊임없이 보여 달라고 한다. 개인기를 보여 주든 유머감각을 보여 주든 뭔가 능력을 보여 주어야 한다는 강박증에 시달리고 있다.

하나님의 관점은 세상과 다르다

2002년 월드컵 신화를 이룬 히딩크 감독을 향해서 온 국민이 염원했던 말. "당신의 능력을 보여 주세요!" 도전 정신이 강한 히딩크에게 그 말은 굶주린 사자를 자극하는 말과 같았다. 그는 능력을 보여 주었고 국민 영웅이 되었다. 그러나 최근 그가 맡은 팀에서 원하던 결과를 보여 주지 못하자 일각에서는 그를 향해 무능하지만 운 좋은 감독이라고 비아냥거린다.

세상에 속지 말라! 노출증 중독에 빠진 세상은 당신이 정말 보여 줄 것을 다 보여 주고 나면 그다음에는 버려 버린다. 충성심을 보여 주기 위해서 야근하고 회식하고 아부하며 젊음을 바친 회사에서 이 제는 쓸모없다고 퇴출당한 40~50대 아버지들, 자식을 위해 젊은 날을 다 바쳐 헌신했지만 남은 것은 빈 둥지밖에 없는 40~50대 어머니들, 나는 그런 인생이 되고 싶지 않다고 오직 돈과 성공만을 위해 달려왔지만 어느새 새파란 후배들이 치고 올라오는 것이 불안해지는 30~40대 꽉 찬 청년들, 대중문화에 충성 고객으로 살았지만 자기만의 실력과 내공을 쌓지 못해서 시작도 못해 보고 방출 위기에 놓인 20~30대 청년들, 모두 매한가지다. 능력을 원한 세상은 능력이 다한 당신을 버린다. 그것이 실력이든 체력이든 재력이든 권력이든 다르지 않다.

그러나 하나님은 중심을 보신다. 능력Ability이 아닌 태도Attitude를 보신다. 외모가 아닌 중심을 보신다. 현실성이 아닌 가능성을 보신다. 사무엘 시대에 백성들이 선택한 인물은 능력자 사울이었다. 하지만 하나님이 선택한 인물은 예배자 다윗이었다.

대권 후보 사울이 행구 뒤에 숨은 것은 신비주의 전략처럼 보였다. 그런 사울이 첫 전투에서 암몬에게 대승을 거두자 과시욕에 굶주렸던 백성들은 난리가 났다. 그러나 밑바닥이 드러난 사울은 더 이상 보여 줄 능력도, 더 이상 감출 신비주의도 없었다. 그리고 시대는 절망의 늪으로 곤두박질쳤다.

반면 다윗은 어땠는가? 들판에서 양을 치던 다윗은 전혀 신비감을 주는 인물이 아니었다. 그러나 그는 전능자의 신비에 매료된 소년이었다. 그리고 그는 평생 동안 그의 배후에 계신 분의 신비한 능력을 드러낼 수 있었다.

청년이여, 사람들이 요구하는 것을 간과하지는 말라. 그러나 무엇보다 하나님이 요구하시는 것을 반드시 갖추라. 세상의 관점과 하나님의 관점이 다르다는 것을 알라. 과연 세상과 하나님의 관점이 어떻게 다른가?

첫째, 사람들은 달란트가 얼마나 되는가를 본다. "쟤는 다섯 달란트나 있는데 나는 한 달란트밖에 없네." 능력의 차이가 주 관심사다. 그러나 하나님은 얼마나 열심히 도전했는가를 보신다. 하나님은 태도의 차이가 주 관심사다.

둘째, 세상은 당신에게 달란트를 투자한 몇 갑절은 빼먹는다. 아니 당신이 가진 달란트를 빼앗고 싶어서 유인하기도 한다. 그러나 하나님은 당신의 가능성을 보고 투자하신다. 그리고 헌신한 당신에게 30배 60배 100배의 복을 부어 주신다. 그리고 마음껏 복의 유통자가 되라고 하신다.

미식축구 감독인 루 홀츠Lou Holtz는 이런 말을 했다.

"능력은 당신이 무엇을 할 수 있는가를 말해 준다. 그리고 동기는 당신이 무엇을 할 것인가를 결정해 준다. 그러나 태도는 당신이 무슨 일을 하든 그 일을 얼마나 잘해 낼 것인지를 보여 준다."

다시 말하자면, 능력은 가능성을, 동기는 방향성을, 태도는 생산성을 나타내는 지표가 된다.

미국의 한 헤드헌터가 이런 말을 했다.

"언제나 태도가 기술적인 능력보다 우선한다."

그리고 이런 이야기를 소개한다.

"MIT에서 전기공학 및 컴퓨터공학을 전공한 친구가 있었다. 그는 어디에 내놓아도 손색이 없는 지원자였다. 자신감도 누구보다 충만했다. 그래서 여러 회사에 들여보내 봤지만 매번 같은 답을 들었다. 면접 담당 임원들은 분명 그를 좋아했는데, 함께 일한 부서장들은 그를 미워했다. 왜? 기술Technology을 가르치는 것은 쉬운 일이지만 호감Likeability을 가르치는 것은 어려운 일이기 때문이다."5)

실력이 부족한 사람은 가르치면 된다. 그러나 호감이 생기지 않는 사람은 도무지 방법이 없다.

태도가 능력이다

인생은 능력이 아닌 태도다. 인생을 쉽게 살아온 사람들은 태도를 다듬을 기회가 없다. 왜? 태도를 결정할 기로가 없었고 태도를 익힐 연단이 없었고 태도를 강화시킬 역경이 없었기 때문이다.

그러므로 선택의 기로에 설 때마다 그 무엇을 결정하기 이전에 태도를 결정하라. 태도를 결정하면 나머지는 자동으로 결정된다. 또한 풀무불 같은 연단의 시간이 찾아오면 지식과 경험을 익히기 전에 순

---

5) "Attitude vs. Technical Ability. Why can't I win?" The iLife Seattle(Blog) March 15, 2007.

도 높은 태도를 익히라. 마음의 자세를 가다듬으면 담아내지 못할 것이 없다. 또한 폭풍우 같은 역경을 만나면, 목소리에 힘을 주거나 마음을 강퍅하게 하지 말고 중심의 태도를 강화시키라. 강하여 흔들리지 않으면서도 부드럽고 유연하게 역경을 헤쳐 나올 수 있을 것이다. 강인한 것과 강퍅한 것은 다른 것임을 알라.

그러므로 우리가 대학에서 갖출 것은 스펙이 아니라 태도다. 스펙 Specification이 제품의 사양이라면 태도는 제품의 버전 자체다. 10년 전의 냉장고폰에 아무리 사양을 추가한들 최신 스마트폰과 비교할 수 있겠는가? 능력을 아무리 추가해도 태도를 갖춘 사람을 따라가지 못한다. 왜? 태도가 단연 최고의 능력이기 때문이다.

나도 교회에서 많은 목회자와 사역자를 뽑기 위해 면접을 본다. 그러면 고만고만한 사람들이 있고 단연 눈에 띄는 사람들이 있다. 전자는 정답을 말하려고 애쓰는 사람들이다. 그러나 후자는 그 사람 자체가 정답으로 보이는 사람들이다. 답을 가지고 있다고 주장하는 사람이 아니라 그냥 그 사람 그대로 답인 사람들이 있다. 바로 태도의 미덕을 가진 사람들이다.

지난해 한 고3 수험생을 둔 어머니가 찾아왔다. 아이가 수시 지원을 했는데 면접에서 늘 떨어서 힘들어한다 했다. 만사를 제치고 수험생을 만나 보았다. (대한민국에서는 수험생이 우선순위 0순위 아닌가!) 그런데 만나 보니, 멀쩡하게 잘생긴 꽤 멋있는 친구였다. '애가 왜 면접을 보면서 떨까?' 학생이 말한다. "저는 잘 얘기하고 싶은데, 처음 몇 마디가 꼬이면 그 다음부터는 하나도 생각이 나지 않아요." 그날 학생에게 30분 동안 해 준 얘기는 단 한 가지였다.

"평소대로 하면 돼. 자, 너를 봐봐. 네가 얼마나 호감형이고 잘생겼니! 나한테 이렇게 편하게 말도 잘하잖아. 처음에 몇 마디 틀리면 지금처럼 웃으면서 '제가 긴장했나 보네요. 다시 시작하겠습니다' 하면 돼."

이 한 가지를 아이의 마음에 심어 주었다. 왜인가? 면접관들이 보는 것은 그 학생이 발표하는 내용보다 발표하는 그 학생 자체이기 때문이다. 결과는 어떻게 되었을까? 역시나 처음에는 떨었고 말도 더듬었다. 그러나 이번에는 씩 웃으면서 실수한 것을 넘기고 면접을 잘 보았다. 그리고 마침내 원하던 대학에 합격했다.

얼마나 많은 수험생들이 성적과 지식과 능력을 갖추려고 매진하는가! 그러나 안타깝게도 그들에게 가장 중요한 것은 자기 자신을 긍정할 수 있는 태도라는 점을 간과한다. 입시를 앞둔 수험생들에게 필요한 것은 지식이 아니라 자신감이다. 결혼 적령기의 외로운 싱글들에게 필요한 것은 매력이 아니라 자존감이다. 고난의 순간에 필요한 것은 피할 길이 아니라 그분에 대한 신뢰다.

청년들이여, 인생의 소중한 세월에 본질은 배우지 못하고 껍데기만 훑고 지나가는 일이 없게 하라.

> "노하기를 더디하는 자는 용사보다 낫고 자기의 마음을 다스리는 자는 성을 빼앗는 자보다 나으니라" 잠 16:32.

능력은 제한적이다. 그러나 태도는 포괄적이다. 지금은 능력이 충만해 보여도 바닥나는 날이 온다. 그러나 태도는 지금은 미약해 보여도 평생을 간다.

아담이 실패한 것은 태도가 아닌 능력을 선택했기 때문이다. 그러나 예수님이 승리한 것은 능력이 아닌 태도를 선택하셨기 때문이다. 모두가 유혹에 넘어갈 때 보디발의 아내를 거부했던 요셉의 마음, 모두가 손가락질 할 때 골방에서 기도했던 다니엘의 마음, 모두가 사울을 죽일 기회라고 할 때 그 기회를 포기했던 다윗의 마음, 바로 이것이 태도의 본보기다. 모두가 선악과를 따 먹을 때 그것을 내려놓을 수 있는 태도가 당신에게 있는가?

사람들은
골리앗을 물맷돌 한 방에 쓰러뜨린 다윗에
환호하지만,

하나님은
사울 왕을 단칼에 벨 수 없었던 다윗에게
감동하셨다.

무엇보다도
오늘 당신의 마음을 지키라.

21.

나는 언제쯤으로 제발 선 뛰어 보지?

"시절을 좇아 과실을 맺으며"
시 1:3, 개역한글

프로 운동선수들에게는 시즌과 비시즌이 있다. 그러나 비시즌에도 선수들은 구슬땀을 흘리며 시즌을 준비한다. 운동선수는 시즌이든 비시즌이든 사시사철 뜨거운 시즌을 보내는 것이다. 청년들이여, 당신이 시즌과 상관없이 항상 힘쓸 것이 무엇인가? 하나님도 시즌에만 당신에게 열매를 기대하신다. 그러나 비시즌에도 요구하시는 가치들이 있다. 그리고 이 가치들이 양분이 되어 시즌의 열매들을 영글게 한다.

"내가 염려했던 지난날들과
영원히 계속될 것만 같았던 추운 겨울은
주님의 약속대로 흔적도 없고
내 하나님 행하신 일 만물이 찬양하누나."

김도현 씨의 〈봄〉이라는 찬양의 가사다. 그렇다. 겨우내 계속되는 폭설과 한파에 시달리다 보면 누구나 봄을 간절히 기다리게 된다. 옆구리가 시린 내 인생에도 님이 찾아오는 싱그러운 봄이 얼른 노크해 주었으면 한다. 꽁꽁 얼어붙은 취업에도 멋진 직장에 취직되었다는 희소식이 봄바람처럼 불어오길 바란다. 고시촌에서 수년간 계절없이 지낸 수험생에게도 합격이라는 인생의 꽃이 피는 날이 오기를 소망한다.

인생에는 반드시 사계가 있다

인생은 마치 계절과 같다. 한겨울 계속되는 혹한에는 과연 다른 계절이 있었던가 기억조차 나지 않는다. 그러나 겨울이 다 가고 눈이 녹아 계곡물이 흐르고 개나리가 피기 시작하면 반드시 봄이 온다. 그러다 따스하고 나른한 봄이 계속되기를 바라는 소망은 이내 아지랑

이처럼 사라지고 무더위와 땡볕과 열대야로 몸살을 앓는 여름이 덮친다. 그렇게 혹독한 여름이 지나고 나면 결실의 계절이요 천고마비의 계절인 가을이 온다. 그리고 가을의 풍성함과 넉넉함을 뒤로한 채 또다시 모든 것이 상실의 눈밭 아래 덮이는 겨울이 온다.

인생의 계절에는 반드시 봄 여름 가을 겨울이 있다. 인생이 늘 봄 같으면 좋으련만! 늘 가을 같으면 좋으련만! 그러나 인생은 봄처럼 상큼할 때가 있는가 하면 여름처럼 뜨거울 때가 있고 가을처럼 풍성할 때가 있다가도 겨울처럼 황량할 때가 있다.

당신은 어떤 계절을 좋아하는가? 사람마다 좋아하는 계절이 다르다. 그래서 좋은 계절이란 없다. 그런데도 지금 내가 겪는 계절만 싫다는 사람이 있다. 어서 이 계절이 지나고 다음 시즌이 왔으면 좋겠다는 사람이 있다. 그런데 이런 사람은 인생을 불행하게 사는 사람이다.

청년들이여, 지금 당신이 겪는 계절을 마음껏 즐기라. 그 계절에만 누릴 수 있는 것이 있지 않은가. 계절마다의 독특한 빛깔에 옷을 입는 색깔에 주목해 보라.

봄에만 누릴 수 있는 새로움의 신비가 있다.
여름에만 즐길 수 있는 뜨거움의 열정이 있다.
가을에만 맛볼 수 있는 성숙함의 깊이가 있다.
겨울에만 느낄 수 있는 차분함의 진실이 있다.

자연의 사계는 인생의 사계와 같지 아니한가.

때가 되어야 열매를 맺는다

그런데 문제는 인생의 계절이 자연의 계절과 다른 점이 많다는 데 있다. 첫째, 인생의 계절은 자연의 그것처럼 차례대로 오지 않는다. 이 계절 다음에 무슨 계절이 올지 알지 못한다. 봄 다음에 갑자기 겨울이 올지, 겨울 다음에 갑자기 여름이 올지, 인생의 계절은 예측할 수가 없다.

둘째, 인생의 계절은 자연의 그것처럼 일정한 간격으로 오지 않는다. 때로는 혹독한 여름이 1년 내내 계속되기도 한다. 누군가에게는 황량한 겨울이 10년 내내 계속되기도 한다. 남들은 다 멀쩡하게 봄 여름 가을 겨울이 순환하는 것 같은데, 유독 내 인생만 이상기후에 이상기온이 계속된다.

그래서 인생의 시절은 마치 등산로의 계단과 같다. 건물의 계단처럼 일정한 간격으로 오르는 것이 아니라 들쭉날쭉 오르기 때문이다. 그러나 기억하라. 인생의 한 마디가 지나는 동안은 너무 단조롭고 지루하지만 한 마디가 끝나는 지점에 이르면 급격하게 수직 상승한다는 사실을! 그때가 되면 인생의 슬픔은 눈 녹듯이 녹아내리게 된다. 인생의 근심 걱정들이 추수꾼들의 흥겨운 노랫가락으로 바뀌게 된다.

그러므로 청년들이여, 당신에게 다음 시즌을 주실 하나님을 신뢰하라. 그리고 지금 이 시즌을 100%로 살아 내는 사람이 돼라. 내일의 희망은 하나님이 주시는 것이지만 오늘의 헌신은 내가 그분께 드리는 것이다. 그러므로 인생의 다음 시즌을 꿈꾸는 젊은이들에게 다음과 같은 말을 하고 싶다.

우리는 늘 마음이 급해서 매 시즌 과실을 맺고 싶어 한다. 그러나 제철이 되어야 열매가 맺히는 법이다. 그 어떤 과수도 시즌이 되지 않았는데 꽃 피고 열매 맺는 법은 없다.

"시절을 좇아 In Season 과실을 맺으며" 시 1:3, 개역한글.

시냇가에 심은 나무와 같이 하나님께 복을 넝쿨째 받는 인생도 열매는 시즌에만 맺는다. 시즌이 되었는데도 열매를 맺지 못하면 그것도 문제지만, 사철 내내 열매 맺기만 바란다면 그것도 문제다.

제철을 기다리라. 열매를 소망하며 기다리라. 농한기는 농번기를 준비하는 시간이다. 비시즌은 시즌을 준비하는 시간이다. 프로 운동선수들을 보라. 그들이 치르는 경기에는 시즌과 비시즌이 있다. 그러나 비시즌에도 선수들은 구슬땀을 흘리며 시즌을 준비한다. 운동경기는 시즌이 있고 비시즌이 있지만, 라운드를 누비는 운동선수는 사시사철을 늘 뜨거운 시즌으로 보내고 있는 것이다.

"나는 언제쯤에나 선발로 뛰어 보지?"

묻지만 말고 그날이 왔을 때 진짜 뭔가를 보여 줄 수 있는 연습벌레가 되라.

"이 지루한 시험이 언제 끝나지?"

기다리지만 말고 그날이 정말 행복한 날이 될 수 있도록 지금 열공하라.

"나는 언제쯤에나 경제적 여유가 생기지?"

한탄하지만 말고 오늘부터 땀 흘려 돈 벌고 눈물 삼키며 저축하라.

"나는 언제 결혼할 수 있을까?"

한숨 쉬지 말고 오늘부터 자신을 가꾸고 사랑하고 존귀히 여기라. 스스로를 가치 있게 여기지 않는 사람을 누가 사랑하겠는가?

"내 인생은 언제 출항하지?"

주저앉지 말고 오늘부터 배를 만들라. 밀물은 오게 되어 있다.

시즌은 오게 되어 있다. 다만 당신이 준비되어 있는가가 관건이다. 때가 오지 않는다고 조급해하지 말고 차분히 자신을 준비시키라.

생각해 보라. 예수님은 이 땅에서 사신 33년 중에 단 3년 동안만 자신을 드러내 보이셨다. 하나님의 아들이 더 오랫동안 자신을 드러내 보이셨다면 인류 구원을 위해 얼마나 더 좋았을까! 그러나 그분은 단 3년의 공적 사역을 위해 30년을 기다리셨다. 물론 열두 살에 성전에 올라 자신의 정체성을 드러내시기도 했다. 하지만 이내 나사렛 촌동네로 돌아가셨다. 아니 하나님의 아들이면 성전에 계속 계시든가 적어도 수도 예루살렘으로 상경하셔야 하는 것 아닌가! 그러나 그분은 돌아가서 자신의 때를 기다리셨다.

오늘날 한국 부모들 같았으면 천사의 예언도 들었겠다, 성전에서 놀라운 지혜도 선보였겠다, 벌써 예루살렘 8학군으로 이사 가서 당대 최고의 랍비에게 고액 과외를 시켰을 것이다. 그러나 예수님은 그렇게 하지 않았다. 공생애 3년을 위해 사생애 30년을 성실하게 준비하실 뿐이었다.

청년들이여 기억하라. 비시즌이 곧 시즌오프를 의미하는 것이 아니다. 경기는 끝나도 인생은 계속된다. 중계는 끝나도 훈련은 계속된다. 우승은 순간이지만 자기관리는 평생이다. 그래서 이런 말씀이 있다.

"너는 말씀을 전파하라 때를 얻든지 못 얻든지 In Season And Out Of Season 항상 힘쓰라" 딤후 4:2.

청년들이여, 자신에게 질문하라. 시즌과 상관없이 항상 힘쓸 것이 무엇인가? 예배, 말씀, 기도, 건강, 순결, 관계, 정직, 성실, 긍휼 등의 항목들을 스스로 적어 보라.

하나님도 시즌에만 당신에게 열매를 기대하신다.
그러나 비시즌에도 요구하시는 가치들이 있다.
그 비시즌의 가치들이 양분이 되어 시즌의 열매들을 영글게 한다는 사실을 잊지 말라.

청년들이여, 당신에게 다음 시즌을 주실 하나님을 신뢰하라.
그리고 지금 이 시즌을 100%로 살아 내는 사람이 돼라.
내일의 희망은 하나님이 주시는 것이지만
오늘의 헌신은 내가 그분께 드리는 것이다.

22.

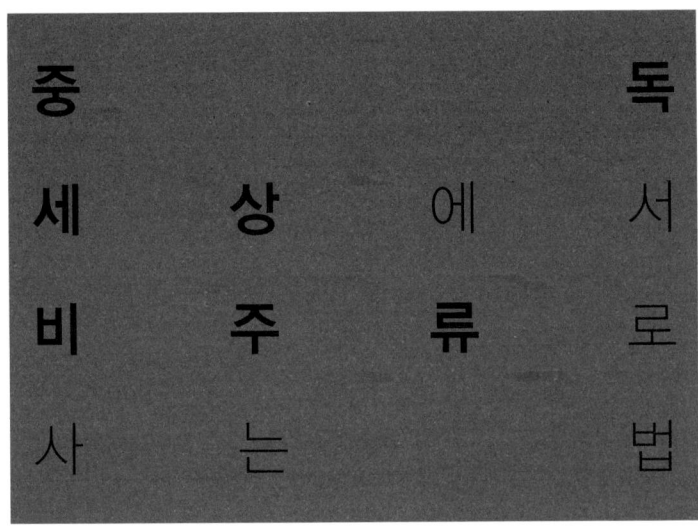

중독 세상에 비주류로 사는 서로법

> "말세에 고통하는 때가 이르러"
> **딤후 3:1**

청년들이여, 중독에서 위로를 얻지 말고 주님에게서 위로를 얻는 연습을 하라. TV쇼, 드라마, 커피, 인터넷, 게임, 포르노…. 무엇이든 중독적인 것들을 멀리하라. 그리고 중독 세상에서 비주류로 사는 것을 자랑스럽게 여기라. 당신은 깨어 있는 소수이기 때문이다.

"열심히 일한 당신 떠나라!"

2002년 한 카드회사의 광고 카피다. 너무나 많은 사람들의 공감을 얻은 나머지 광고 카피만 유명해졌지 실제로 카드회사의 광고 효과는 별로였다고 한다.

정말 그렇지 않은가. 열심히 일한 당신이다! 특별히 한국에 사는 당신, 당신은 정말 열심히 공부했다. 정말 열심히 일했다. 세상 어느 나라를 가 봐도 이렇게 열심히 공부하고 이렇게 열심히 일하는 사람들이 없다. 자랑스럽지만 걱정스럽기도 하다. 왜냐면 이건 비정상적이기 때문이다. 놀 때 공부하고 쉴 때 일한 것이기 때문이다. 그런 과로사회가 중독 사회를 만든다. 모든 세계인이 한국인은 성실하다고 엄지손가락을 치켜세우지만, 지나친 성실함은 중독 성향을 낳는다.

인간에게는 보상심리가 있다. 많이 일한 만큼 많이 보상받고 싶다. 포도원에서 일찍부터 일한 만큼 삯을 더 많이 받고 싶다. 그래서 더 많은 보상을 위해 더 많이 일한다. 그런데 현대인은 일 중독으로 시작해서 쾌락 중독으로 끝난다. 마음뿐이 아니다. 우리의 몸도 보상을 원한다. 제때 식사하지 않고 일하다가 늦게 먹으면 폭식하게 된다. 왜 그런가? 기다린 만큼 더 보상을 받으려는 신체적 욕구 때문이다. 결국 정상적으로 일하지 않으면 정상적으로 쉬는 것이 불가능하다. 야근 후 술 마시는 것도, 대학가 앞이 전부 유흥가인 것도, 보상심리에 기인하는 바가 크다.

물론 쾌락 자체는 가치중립적이다. 그리고 노동의 대가로서 즐기는 쾌락은 새로운 전환을 가져다준다. 그래서 영어 단어 레크리에이션 Recreation은 오락을 뜻하지만 한편으로 재창조를 의미하지 않는가. 문제는 쾌락이 무절제한 향락이 되어 영혼을 타락하게 만들고, 허무주의와 퇴폐주의를 불러온다는 점이다. 이유가 무엇인가? 우리는 어떻게 하면 중독 세상에서 제정신을 차리고 살 수 있을까? 어떻게 하면 중독이 주류가 된 세상에서 비주류로 살 수 있을까?

중독 사회를 말하다

먼저 중독에 대한 이해가 있어야 한다. 중독은 무엇인가에 습관적으로 열중하거나 몰두하는 것을 말한다. 중독에는 몇 가지 특징이 있다.[6]

1. 중독은 일종의 도피처를 제공한다.
2. 중독은 중독자를 완전히 지배한다.
3. 중독은 언제나 쾌감을 일으킨다.
4. 중독이 무엇보다 우선순위가 된다.
5. 중독자는 자신의 중독을 부인한다.

---

[6] 아치볼드 하트, 《참을 수 없는 중독》(두란노, 2005).

중독의 종류도 다양하다. 첫째, 알코올, 니코틴, 카페인, 약물 등의 물질에 중독되는 물질 중독이 있다. 둘째, 게임, 포르노, 성, 도박, 쇼핑, 다이어트, 성형, 독서, 일, 종교와 같이 특정 행위에 중독되는 행위 중독이 있다. 또한 근심, 의존증, 강박증, 우울증, 불안증 등 일정한 감정에 중독되는 감정 중독이 있다. 오늘날에는 거식증, 걸식증 등 음식 중독도 많다. 과식하려는 순간 성령의 세미한 음성이 들리지 않던가? "그 입 다물라." 그러면 우리는 언제나처럼 귀를 막으며 말한다. "내일부터!"

한국인이 빠져 있는 몇 가지 중독의 문제를 짚어 보자.

첫째는, 알코올 중독이다.

한국 사회는 술독에 빠진 사회다. 2005년 내가 캐나다에서 귀국했을 때 가장 먼저 놀란 것은 도시를 뒤덮고 있는 술 광고였다. 빌딩 외벽 모니터에도 술 광고, 달리는 버스에도 술 광고가 붙어 있었다. 음주운전은 단속하면서 도대체 술을 마시라는 건가 말라는 건가? 한국은 세계에서 1인당 술 소비량 1위 국가다. 술 마시고 싸우고, 술 마시고 외도하고, 술 때문에 가정 파괴되고, 술 때문에 간이 부어 죽고, 술로 망해 가는 사회인데도 멈출 줄 모른다.

크리스천들도 "성경 어디에 술 마시지 말라는 말이 있나요? 술 취하지 말라고 했지"라고 말한다. 그럴 때마다 우리 큰아들이 네 살 때 처음으로 암송했던 성경구절이 떠오른다.

"술 취하지 말라 이는 방탕한 것이니 오직 성령으로 충만함을 받으라"엡 5:18.

이 구절의 의미가 술 취하지 않을 정도로 적당히 마시라는 뜻인가? 아니다. 인생에서 추구할 것과 추구하지 말아야 할 것을 분별하라는 뜻이다. 그뿐인가. 잠언에서는 말한다.

"포도주는 붉고 잔에서 번쩍이며 순하게 내려가나니 너는 그것을 보지도 말지어다"잠 23:31.

나는 일찍이 마음을 정했다. 술에 취한 세상에서 술 안 마시고도 멀쩡하게 재미있게 살 수 있다는 것을 세상에 보여 주겠다고. 대학 신입생 때는 첫 회식 자리에서 술을 안 마시겠다고 했다가 선배가 거의 상을 엎을 분위기로 간 적도 있다. 그래도 나는 흔들리지 않았다. 옆에 있던 크리스천 친구들은 다 마셨다. 그러더니 회식 끝나고 하나둘씩 내게 다가와 말했다. "상준아, 사실은 나도 마시고 싶지 않았는데…." 왜 나에게 고해성사를 하는가? 그런데 그러던 친구들 중에는 4년 내내 하나님을 등지고 술독에 빠져 산 친구도 있다. "술 한 잔은 괜찮지 않나?"를 묻지 말고 "하나님의 사람으로 어떻게 살 것인가?"를 질문하라.

둘째는, 성 중독이다.
한국 사회는 성에 미친 사회다. 이렇게 광고에 성 상품화가 일반화

된 나라는 없다. 한 해 낙태되는 아이들이 공식적으로 50만, 비공식적으로 200만 명을 헤아린다. 우리나라는 입양아 수출국 1위의 오명을 갖고 있다. 최근에는 한 자매가 교제 중인 형제가 관계를 요구한다면서 "성경 어디에 혼전 순결을 지키라는 말이 있나요?"라고 질문했다. 자신도 이제 즐기며 살고 싶다고도 했다. 그 형제는 친절한 교회 오빠였다. 교회 오빠들을 조심하라. 율법서에는 혼전 순결을 어기면 죽이라고 되어 있다(신 22:20-21). 무슨 뜻인가? 그만큼 하나님께서 혐오하신다는 뜻이다.

목사니까 당연히 보수적으로 대답하겠지 생각하는가? 아니다. 나는 수많은 청년들과 부부들을 상담하고 있다. 결혼 15년 차 자매가 상담했다. 남편이 외도했다가 용서를 구해서 고민 중이란다. 나는 그냥 용서해 주지 말고 요셉이 형들에게 한 것처럼 충분히 회개할 시간을 갖도록 하라고 권면했다. 그런데 두 번째 연락이 왔다. 사실은 자신도 대학생 때 혼전 순결을 지키지 않았기에 더 괴롭다고 했다. 요새 부쩍 성문제로 고통하는 가정들이 많다. 싱글 때 포르노 중독이었으나 결혼하면 해결되겠지 했는데 부부관계가 나빠지면서 오히려 더 심각한 중독에 빠지는 사람도 보았다.

청년들이여, 성 중독은 불나방 놀이다. 자신을 죽이고 가정을 죽이는 줄도 모르고 탐닉하는 위험한 놀이인 것이다.

그뿐인가. 우리나라는 성형공화국이다. 1인당 성형수술 횟수도 세계 1위다. 교회 형제들도 자매가 성형했어도 예쁘게 좋단다. 물론 신체에 장애나 불편함이 있어서 수술해야 하는 경우는 어쩔 수 없다. 그러나 보디케어, 스킨케어는 하면서 소울케어Soul Care는 하지 않는 이 세대가 불쌍할 따름이다. 언젠가 한 자매와 인사를 나누는데 완전히 인조인간이 된 것을 보고 할 말을 잃은 적이 있다. 요즘 유행하는 말이다. "어머님 날 낳으시고 압구정동 김 원장님 날 빚으셨네." 아니다. 크리스천 청년들이여, "하나님 날 만드시고 성령님 날 빚으셨네"라고 고백하자. 내면이 빛나는 사람은 얼굴도 빛나게 되어 있다. 다니엘의 확신이 그 어느 때보다 필요한 시대다.

> "당신 앞에서 우리의 얼굴과 왕의 음식을 먹는 소년들의 얼굴을 비교하여 보아서 당신이 보는 대로 종들에게 행하소서" 단 1:13.

셋째는, 물질 중독이다.

한국 사회는 돈독이 오른 사회다. 돈이 성공의 척도가 되었다. 초등학생들에게 꿈을 물어보면 요즘은 40% 이상이 이렇게 대답한다고 한다. "돈 많이 벌어서…." 직업이나 분야나 비전과 상관없이 돈이다! 최근 학생들에게 질문했다. "10억을 준다면 1년간 감옥에 다녀오겠는가?" 초등학생 12%, 중학생 28%, 고교생 44%가 "예"라고 대답했다. 그나마 어른들에게 이 질문을 하지 않은 것이 다행이라는 생각이 든다.

최근에 한 청년이 찾아왔다. 교제하던 자매와 결혼하려고 상대 부모님께 인사드리러 갔단다. 그런데 인사드린 첫날 퇴짜를 맞았다. 이유인즉 그가 끌고 온 차가 맘에 들지 않는다는 것이었다. 그래서 소형차였느냐고 물었더니 중형차였단다. 그런데 왜? 외제차가 아니어서 안 된단다. 그것도 교회 다닌다는 부모님이. 도대체 20~30대 청년에게 뭘 기대하는가? 차라리 딸을 40~50대 아저씨에게 시집보내라. 가능성이 아닌 현실성만 보는 믿음 없는 크리스천들이여, 천국은 믿음이 아닌 무엇으로 들어가려는가!

몇 년 전에 대학 친구를 만났다. 너무나 반가워서 함께 식사를 했는데, 친구는 자신이 최근에 외국계 회사에 입사하게 된 무용담을 자랑스럽게 늘어놓았다. 졸업 후 첫 입사 때는 몸값이 얼마였고, 두 번째 회사에 들어갈 때는 얼마였고, 이번 회사에서는 몸값이 얼마라고 자랑을 했다. 나는 그가 부러운 것이 아니라 불쌍했다. 나는 그리스도의 피 값으로 사는데 그는 세상 저울대 위에 올라 몇 푼어치 몸값으로 살고 있으니 말이다!

넷째는, 게임과 인터넷 중독이다.

우리나라 초등학생 10명 중 4~5명이 게임 중독이라고 한다. 내가 초등학생 때는 게임은 놀이동산에나 가야 하는 것이었고 기껏해야 동네 오락실에서 하는 것이었다. 그러던 것이 PC방에 가서 하게 되었고 컴퓨터로 하게 되었고 스마트폰으로 하게 되었다. 게임기가 안방을 차지하고 공부방을 차지하고 사무실 침대 전철 버스 어디든 가리지 않고 무소부재하게 되었다.

밴쿠버에 있을 때 캐네디언 엄마들이 한국 엄마들에게 한 가지 불만이 있었다. 아이들을 조용히 시킬 때 게임기를 주는 것이었다. 게임기를 주지 않으면 통제가 안 되니까. 4년 만에 한국에 돌아와서 아들이 집에 TV도 없고 게임기도 없고 하니까 친구들과 접촉점이 없어서 곤란해 했다. 개콘(개그콘서트)이 뭔지도 몰랐고 위Wii를 어떻게 하는지도 몰랐다. 아내는 게임기를 사 줘야 한다고 주장했고 나는 반대했다. 이유는 두 가지였다. 첫째, 아들은 특히나 딸보다 중독 성향이 강하기 때문이었다. 둘째, 아들은 책 많이 읽고 운동 잘하면 절대로 따돌림당하지 않는다고 믿기 때문이었다. 지금은 너무나 잘했다고 생각한다. 6학년, 2학년의 두 아들은 집에 오면 심심하기 때문에 책을 읽고 심심하기 때문에 함께 놀고 심심하기 때문에 운동한다. 그래서 TV쇼와 게임은 몰라도 친구들 공부도 도와주고 운동장에서 리더십을 발휘한다.

청년들이여, 혹시 당신은 지금 온라인 게임에 빠져 오프라인 인생을 포기한 상태가 아닌가? 인터넷에 오른 수많은 유명인들의 사건사고와 동영상을 보느라 정작 자신은 무명한 인생을 살고 있지 않은가? 하나님은 당신이 주인공이 되기를 원하신다. 오늘도 TV, 컴퓨터, 스마트폰의 스크린을 멍하니 바라보며 구경꾼의 인생을 사는 젊은이들이여, 미디어를 금식하라! 과감하게 없애라! 치워 버리라! 당신이 주인공이 되는 인생을 살라! 당신의 무대 위에 서라!

중독을 돌파하라

중독 사회에 대해서 많은 이야기를 했다. 그러나 해법이 없다면 출구가 없는 미로일 뿐이다. 여기 몇 가지 해법을 말하고자 한다.

첫째, 가장 좋은 해결법은 하나님의 은혜를 체험하는 것이다.

성령님의 임재를 체험하는 것이다. 상대적인 즐거움과 비교가 안 되는 절대적인 은혜를 체험하면, 세상 것에 대한 맛이 떨어진다. 중독은 아무리 떨쳐 내려고 해도 다시 빠진다. 그냥 세상이 맛이 없어져야 한다. 유혹이 별 의미가 없어져야 한다.

청년들이여, 세상과 세상에 속한 것을 사랑하지 말고 하나님을 뜨겁게 사랑하라. 나는 알코올 중독이나 성 중독에 빠진 친구들이 고민이 되어 찾아오면 끊으라고 말하지 않는다. 윤리 도덕으로 인생이 좋아지지 않기 때문이다. 그들에게 권면하는 말은 하나님을 뜨겁게 사랑하라는 것이다. 그 길만이 중독에서 나올 수 있는 최선의 길이다.

둘째, 21세기 나실인으로 살라(민 6:1-21).

신 에세네파로 살라. 자극을 추구하는 세상에서 생존하는 길은 무자극을 선택하는 것이다. 자극적인 것에 빠지면 '좀 더 자극적'인 것을 추구할 수밖에 없다. 음식도 엔터테인먼트도 일도 다 마찬가지다. 그때는 그냥 인공 조미료 넣지 않은 음식을 먹겠다고 결정해야 한다. 처음에는 밍밍한 것 같아도 몸이 건강해지고 나면, 무자극 인생이 축복임을 깨닫게 된다.

청년들이여, 현대인들이 보편적으로 즐기는 중독 물질과 중독 행위를 하나씩 내려놓는 훈련을 하라. 중독에서 위로를 얻지 말고 주님에게서 위로를 얻는 연습을 하라. TV쇼, 드라마, 커피, 인터넷, 게임, 포르노…. 무엇이든 중독적인 것들을 멀리하라. 결단하라. 그리고 중독 세상에서 비주류로 사는 것을 자랑스럽게 여기라. 당신은 깨어 있는 소수이기 때문이다.

셋째, 인생을 하루하루 행복하게 살라.

6일의 노동(학업)이 행복하지 않으면 7일째의 쉼도 행복하지 않다. 공부하기 싫은데 억지로 하다 보면 독이 된다. 노동하기 싫은데 스트레스받으며 하다 보면 독이 된다. 성적이 전부가 아니고 돈이 전부가 아니다. 그런데도 그것을 억지로라도 해야 하니까, 빨리 해치우고 미친 듯이 놀고 싶어지는 것이다.

그러나 하나님의 창조와 안식은 우리의 그것과 전혀 다르다. 하나님은 6일간 일하시면서 해치우신 게 아니었다. 그리고 7일째 쉬면서 6일 동안 한 일을 바라보며 즐거워하셨다. 사실 하나님은 매일 자신이 창조한 것을 감상하고 좋아하셨다. "보시기에 좋았더라"(창 1:4, 10, 12, 18, 21, 25, 31). 마치 화가가 자기 그림을 보고 감상하듯이, 마치 농부가 자신이 가꾼 들녘을 바라보며 기뻐하듯이 좋아하셨다. 지긋지긋해서 잊어버리려고 하지 않으셨다. 어찌 보면 놀라운 사실이다. 하나님은 인간들이 그렇게 사고를 치는데도 우리를 외면하지 않고 사랑으로 보고 계시지 않은가! 그렇기에 지금도 애정을 갖고 역사를 운행하고 계신 것이다. 그렇다. 6일의 일상이 행복하면 7일째 안식도 행복해진다. 노동이 건강해지면 안식도 건강해진다.

청년들이여, 정말 중독적인 삶에서 벗어나고 싶다면 여가보다 일상을 바꿔야 한다. 나 자신도 많은 일을 하다 보니 어느새 일을 해치우며 살고 있는 자신을 발견하게 되었다. 아니다. 일은 해치우는 게 아니라 즐기는 것이다. 놀기 위해 고생스럽게 일하지 말라. 일하는 것 자체가 즐거운 삶을 추구하라. 노동은 처음 에덴동산에서도 있었고(창 2:15), 나중에 천국에서도 있을 것이다(계 7:9-10). 다만 그 노동이 지루하거나 고생스러운 것이 아닐 뿐이다. 노동은 돈벌이가 아니다. 노동 자체가 창조고 사랑이고 행복인 길을 가라!

넷째, 건강한 자유의지를 회복하라.

중독자에게는 인생의 선택권이 없다. 중독된 이상 끌려다닐 수밖에 없다. 그것이 사탄이 노리는 점이다. 당신을 노예로 만들려는 속셈이다. 그러나 하나님은 당신을 자유케 하신다! 이제 '선택할 권리'를 주장하라. 당신 스스로 좋은 것을 선택하면, 중독이라는 죽음의 덫에서 벗어날 수 있다.

사랑을 선택하라.
쾌락주의의 덫에서 벗어나리라.

영혼을 선택하라.
물질만능의 덫에서 벗어나리라.

의미를 선택하라.
허무주의의 덫에서 벗어나리라.

행복을 선택하라.
성과주의의 덫에서 벗어나리라.

자유를 선택하라.
운명론의 덫에서 벗어나리라.

선택은 우리에게 놓여 있다.
세상 사람 모두가 선악과를 따먹어도
우리만은 생명나무 실과를 먹자.
비주류가 주류가 되는 그날까지.

무엇이든 중독적인 것들을 멀리하라.
결단하라. 그리고 중독 세상에서 비주류로 사는 것을
자랑스럽게 여기라.
당신은 깨어 있는 소수이기 때문이다.

23.

당신은 이미 답을 알고 있다

"우리가 알고 믿었노니"
요일 4:16

과연 우리가 우리를 향한 하나님의 뜻을 모르는 것이 문제일까? 그래서 이렇게 신앙생활이 힘든 것일까? 아니다. 알면서도 순종할 수 없는 것이 문제요, 성경을 알면서도 나를 향한 음성으로 받아들이지 않는 것이 문제다. 하나님이 아직도 당신에게 감춰 두고 계신 응답은 없다. 이미 내 안에 주신 답을 퍼 올리기만 하면 된다. 감사와 순종으로.

인생은 선택의 연속이다.

그리고 매 번 선택에 따라 전혀 다른 사다리를 타고 내려간다. 그만큼 사람들은 선택을 두려워한다. 그만큼 사람들은 정답에 집착한다. "이런 상황에서 제가 어떻게 해야 할까요?" 목회자에게 상담하러 오는 성도들을 보면 두 종류의 사람들이 있다. 정답을 정말 몰라서 묻는 사람과 정답을 알지만 정답을 받아들이기 힘들어하는 사람이다.

전자는 병명조차 몰라서 찾아온 초진이다. 후자는 병명도 알고 몸은 이미 만신창이인데 수술받을 용기가 나지 않는 사람이다. 후자는 병명을 다시 얘기해 주고 수술받으라고 권유해도 회복되지 않는다. 그에게는 수술을 받을 수 있는 용기를 주어야 한다. 하나님의 답을 받아들일 수 있는 영적인 체력을 회복시켜 주어야 한다. 아무리 좋은 약도 기초 체력이 회복되지 않으면 독이 되기 때문이다.

기도는 이와 같다. 기도는 절대자 앞에 상담받으러 가는 것이다. 그런데 영혼의 병이 깊으면 한두 번 상담으로 끝날 수 있는가? 아니다. 일정 기간 상담받아야 한다. 왜 그런가? 그러는 동안 상담자에 대한 신뢰가 형성되고 내담자의 내적인 상처가 드러나고 적극적으로 치료에 임하겠다는 결단이 생기기 때문이다.

내가 아니라 하나님이 답하신다

그런데 우리는 기도를 어떻게 하는가? 상담자를 만나 보기도 전에 이미 내가 정답을 정해 둔다. 그리고 상담자를 만나서는 내담자가 상담자를 설득하려 든다. 또는 내담자가 상담자에게 이렇게 하는 것이 좋겠으니 동의하라고 협상을 한다. 그러니 상담자 입장에서는 기가 찰 노릇이다. 하나님의 뜻을 알고 싶다고 (전문가의 견해를 듣고 싶다고) 작정기도 하는 사람들을 보면, 하나님도 긴장되실 것이다. 왜 그런가? 이렇게 기도하기 때문이다.

"하나님 제가 어떤 길을 선택하면 좋을까요? 자, 1번 2번 3번 4번. (참고로 저는 3번입니다!) 일주일 기도할 테니까 그 안에 답해 주시는 게 좋겠어요."

일주일 동안 기도했는데 하나님이 갑자기 "1번!" 찍으신다. 그러면 당황한 내담자는 "하나님, 지문을 잘못 읽으셨군요. 제가 다시 지문을 읽어 드리죠. 자, 하나님 저는 제가 어떤 길을 선택하면 좋을지 하나님의 뜻을 알고 싶습니다. (참고로 저는 3번입니다!!) 자, 신중하게 생각하시고 골라 주세요."

이렇게 기도하니, 이것은 협박이나 협상이지 인격적인 대화라 할 수 있겠는가! 우리의 작정기도는 떼쓰기 수준이고 우리의 금식기도는 단식투쟁으로 전락해 버렸다.

그러나 정말 다급해서 기도하면 어떤가? 하나님 앞에 엎드리는 순간, 통회의 눈물이 터져 나온다. 그동안 하나님 앞에 신실하지 못했던 것을 회개하게 된다. 뭔가를 요구할 상황이 아니라 그분께 반응해야 할 시간임을 느끼기 때문이다.

그렇게 하나님은 응답을 주시기보다 먼저 어두워진 내 영혼을 정화시켜 주신다. 그리고 문제 상황보다 하나님을 바라보게 하신다. 그렇게 하나님이 어떤 결정을 내리시든 순종할 마음의 준비가 되고 나면, 그때 하나님께서 내게 그분의 뜻을 말씀해 주신다. 들을 귀가 있는 자에게 말씀해 주시는 것이다. 아니 그분은 늘 말씀해 오셨는데 이제야 들을 귀가 생긴 것이다. 이것이 분별의 기도요 하나님과 마음을 나누는 기도다.

오래전 한 자매가 찾아왔다. 본인은 자녀들과 서울에서 신앙생활을 하고 남편은 수년간 지방에서 근무하고 있었다. 자매는 근심스런 표정으로 질문했다. "목사님, 제가 남편이 있는 지방으로 가야 할까요? 내려가면 남편이 교회 못 다니게 해요. 성경도 못 보게 해요. 저는 여기서 신앙생활하며 살고 싶어요. 그러나 남편을 저렇게 둘 수도 없고 남편 영혼도 구원해야 하는데…. 기도를 해도 하나님 뜻을 모르겠어요."
그녀는 내려가야 할까 말아야 할까? 성도들은 참으로 고민스런 질문을 목사에게 한다. 목사인들 정답을 어떻게 알랴? 그때 나는 한 가지 단서를 찾을 수 있었다. 이런 상황은 자매에게 어제오늘의 문제가 아니라는 점이다. 그리고 자매는 매우 신실하게 하나님과 교제하는 사람이었다. 나는 이렇게 반문했다. "자매님, 이 문제에 대해서 하나님이 지금까지 뭐라고 말씀하셨나요?" 갑자기 자매가 흠칫 놀라며 기어 들어가는 목소리로 대답한다. "사실 내려가라고 여러 번 말씀하셨어요." 잠시 침묵이 흘렀다. "그러면 이제는 기도의 방향을 바꾸세요. 더 이상 하나님 뜻이 무엇인지를 묻는 기도하지 말고 이미 말씀하신 것을 순종할 수 있게 해 달라고 기도하세요.", "네." 그녀는 힘없는 목소리로 대답하며 일어섰다.

10일쯤 지났을까. 자매가 다시 찾아왔다. 뭔가를 결심한 얼굴이었다. "지난 10일 동안 하나님의 뜻을 받아들이기 위해 몸부림치는 기도를 했어요. 정말 너무나 힘든 결정이었지만, 하나님께서 원하시는 길이기에, 이것이 내가 죽는 길일지라도 남편을 살리는 길이기에, 이 길이 최선임을 알기에, 내려가기로 결정했습니다." 그녀는 정말 성전에서 신음하던 한나처럼 처절한 기도를 했다. 다만 한나는 자신이 원하는 것을 얻기 위해 기도했고, 그녀는 하나님이 원하시는 것을 받아들이기 위해 기도했다. 강청기도가 아닌 수용의 기도다.

이것은 고속도로의 원리와 같다. 절대로 목적지의 출구가 갑자기 나오지 않는다. 운전자를 배려해서 몇 번씩 출구 표지판이 나온다. 5km 전, 2km 전, 500m 전…. 멀고 중요한 목적지일수록 미리부터 알려 준다. 서울에서 부산 가는 길이라면 이미 서울에서 출발할 때부터 알려 준다.

기억하라. 당신이 찾는 응답은 이미 오래전부터 하나님이 보여 주셨을 수 있다. 이미 출구를 지나쳐서 더 이상 그 표지판이 나오지 않는 것은 아닌가? 그렇다면 어느 출구로 나오든 다시 돌아가라. 말씀하셨던 그 지점으로. 당신은 그 지점을 지나쳤지만 하나님은 그 지점에 아직도 서 계신다. 당신을 기다리시며.

응답받기보다 순종하는 것이 더 중요하다

나는 중3 때 하나님을 인격적으로 만났다. 그때까지는 부모님의 하나님, 성경 속의 하나님이었을 뿐 나와는 너무나 거리가 먼 분이었다. 그러던 그분이 내게 다가오셨다. 너무나 인격적으로 다가오셨다. 그때까지 15년을 살면서 단 한 번도 맛보지 못한 평안을 주셨다.

그 뒤로 나는 매일 낮 동안 성경을 1~2시간 읽고 밤이면 동네 작은 교회당에 가서 기도했다. 성경을 읽으면서 궁금한 것이 너무 많아 하나님께 매일 밤 질문했다. 그러면 하나님은 매일 밤 대답해 주셨다. 나는 상가 2층에 있는 교회당에서 창문으로 비추는 달빛에 성경을 읽으며 하나님께 이해가 안 되는 부분을 질문했다. 그러면 하나님은 앞뒤 본문을 열어서 이해시켜 주시고 관주에도 없는 관련 구절들을 알려 주셨다. 놀라웠다. 급기야는 관련 구절들을 검은 화면에 하얀 슬라이드 화면으로 보여 주셨다. 나는 이 개인 레슨 시간이 너무나 기다려졌다. 하나님과의 밀애였고 은밀한 동산이었다.

그리고 나서 깨달은 것이 있다. '아! 하나님은 응답하시는 하나님이구나!' 이후로 나는 독백의 기도를 내려놓았다. 하나님 앞에 엎드려 많은 것을 질문하고 대답을 기다렸다. 처음에는 아무것도 들리지 않았다. 그런데 어느 날부터 하나님이 내게 말씀하시기 시작했다. 그것은 귓가에 울리는 육성이 아니라 영혼의 울림판을 흔드는 음성, 조용하지만 너무나도 분명한 음성이었다. 그리고 내가 질문하는 것에 하나님은 90% 이상 그 자리에서 답해 주셨다. 사실 그분의 음성은 성경에 있는 말씀 그대로였다. 기도 가운데 말씀하시는 하나님은 성경을 통해 말씀하시는 하나님과 동일한 분이었다.

그리고 또 한 가지를 깨달았다. 그분의 답을 아는 것보다 그분의 답을 받아들이는 것이 더 중요하다는 것을. 그리고 그분의 답은 이미 성경을 통해 계시되어 있다는 것을.

과연 우리가 우리를 향한 하나님의 뜻을 모르는 것이 문제일까? 그래서 이렇게 신앙생활이 힘든 것일까? 아니다. 알면서도 순종할 수 없는 것이 문제요, 성경을 알면서도 나를 향한 음성으로 받아들이지 않는 것이 문제다.

이미 그분은 하실 말씀을 다 하셨다. 이제는 당신이 그 말씀을 받아들일 차례다. 21세기를 살아가는 현대 크리스천에게 절실하게 필요한 것은 응답이 아니라 헌신이다. 인간은 끊임없이 하늘을 향해 "응답하라 오버!" 하고 있다. 그러나 하나님도 끊임없이 우릴 향해 "응답하라 오버!" 하고 계신다. 과연 누가 누구에게 응답을 해야 하는 것일까? 사실 하나님은 이미 다 주셨다.

"아버지께서 그리스도 안에서 하늘에 속한 모든 신령한 복을 우리에게 주시되"엡 1:3.

'복 주시되'는 원어상 과거형이다. 이미 하나님은 주실 수 있는 모든 복을 다 주셨다는 것이다. 어떻게 다 주셨는가? 그 아들을 내어 주심으로 다 주셨다.

"자기 아들을 아끼지 아니하시고 우리 모든 사람을 위하여 내어주신 이가 어찌 그 아들과 함께 모든 것을 우리에게 은사로 주지 아니하시겠느뇨" 롬 8:32, 개역한글.

하나님이 아직도 당신에게 유보하고 계신 선물은 없다. 하나님이 아직도 당신에게 감춰 두고 계신 응답은 없다. 하나님은 더 이상 쓰실 카드가 없다. 하나뿐인 아들까지 주셨기 때문이다. 그분의 답은 이미 내 안에 다 있다. 이제 그 답을 퍼 올리기만 하면 된다. 감사와 순종으로.

물론 미래의 소소한 일들에 대해서는 하나님과 상의하며 가야 할 것이다. 그러나 우리 인생의 큰 줄기는 이미 정해져 있다. 어떻게 정해져 있는가? 최후 승리는 주의 자녀들에게 있음을 성경이 보장해 주지 않았는가! 우리의 미래는 처음 가는 길이지만 이미 아는 길이기도 하다. 우리 인생은 아무리 험할지라도 천국이라는 영원한 느낌표를 찍을 것이다!

아무것도 모르는 사람처럼 두려워하지 말자.
우리는 이미 답을 알고 있다.

아무것도 못 받은 사람처럼 굶주려 하지 말자.
우리는 이미 모든 은혜를 받았다.

크리스천의 삶은 없는 것을 채워 가는 인생이 아니라
받은 것을 확인하는 인생이다.

24.

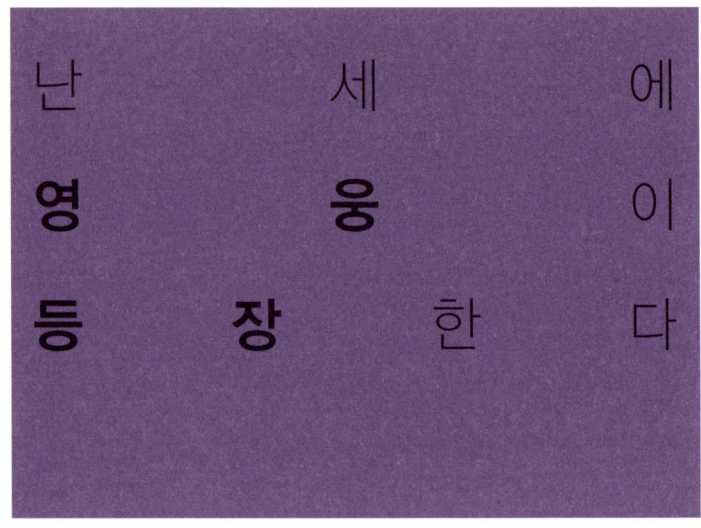

난세에 영웅이 등장한다

"유대 지파의 사자 다윗의 뿌리가 이겼으니"
계 5:5

난세에 충성했던 젊은이들이여, 자신을 영웅이라 생각하지 말라. 우리는 그저 할 일을 했을 뿐이다. 자기 업적을 과대평가하는 순간, 영웅은 폭군이 되거나 먹통이 되고 만다. 그리고 당신이 스피릿만 있고 사람을 품을 줄 모르면 독재에 불과하다. 그래서 결정적인 시점에는 하나님의 손에 맡겨야 한다. 당신이 아무리 기준을 말해도 세상과 사람을 변화시키는 것은 기준이 아니라 은혜이기 때문이다.

■

누가 세상을 구원할 것인가?

할리우드의 수많은 액션 영화와 SF 영화들이 구원자 신드롬을 주제로 다룬다. 그 스토리 라인을 보면 황당하기 그지없다. 다 죽어도 주인공만 살아남아서 세상을 구원해 낸다. 그런데도 수많은 사람들이 그런 영화를 보기 위해 몰려든다. 왜일까? 인간이 타락한 이래로, 인간의 영혼 깊은 곳에 구원자를 갈망하는 기다림이 있기 때문이다.

내가 희망이다

리더십의 원리는 하나님이 만드셨다. 창조의 때에 사람을 지상의 리더로 세우셨다. "모든 것을 다스리게 하자"(창 1:26). 그리고 종말의 때에 예수님을 천상의 리더로 세우신다. "하늘에 있는 군대들이… 그를 따르더라"(계 19:14).

역사는 리더로 시작해서 리더로 끝나는 이야기다. 실패한 리더(아담)의 서론을 성공한 리더(예수)의 결론으로 뒤집어놓는 반전 스토리다. 그래서 리더 한 사람이 매우 중요하다. 영웅호걸英雄豪傑이 무엇인가? 영英은 1당 만, 웅雄은 1당 천, 호豪는 1당 백, 걸傑은 1당 십을 이길 수 있는 장수다. 어디 그뿐이랴! 리더 한 사람이 나라를 바꾸고 시대를 바꿀 수 있다.

그래서 나는 크리스천 청년들이 거룩한 리더로 성장해 주길 기대한다. 우리는 그저 세상에서 한자리 차지하려고 발버둥 치며 사는 존재가 아니다. 우리는 원수가 망가뜨린 세상을 구원해 낼 하나님의 희망이다. 보라. 세상은 난세다. 그리고 난세에는 영웅이 등장하는 법이다. 인류는 망가진 세상을 회복시켜 줄 사람들을 찾고 있다. 정치, 경제, 사회, 교육, 문화, 교회 각 영역에서 난제를 속 시원히 해결해 줄 사람들이 등장하길 기다리고 있다.

그러나 주의하라. 우리는 일회용 리더십이 아닌 지속적으로 신뢰 가능한 리더십을 원한다. 난세에 잠시 주목받았다가 사라지는 것이 아니라, 영원한 나라를 세워 갈 꾸준한 리더들이 필요하다. 청년들이 그런 리더가 되려면 반드시 통과해야 할 리더십 테스트가 있다.

영웅은 난세에만 필요하다?

역사를 볼 때, 순금왕조처럼 태평성대가 있는가 하면, 춘추전국시대처럼 난세가 있다. 세상은 태평성대와 난세 사이를 파동 그래프처럼 오간다. 그렇다 보니 시대마다 다른 리더십이 요구된다. 난세에는 난국을 타개할 영웅이 필요하지만, 평화의 때가 되면 세상은 더 이상 영웅이 필요 없다. 아니 영웅을 원하지 않는다. 생각해 보라. 전쟁의 때에는 용맹한 장수가 필요하지만, 평화의 때에도 구중궁궐에 장도 차고 갑옷 입고 다니는 장수가 있다면 그 자체로 거북할 수밖에 없다.

전쟁의 때에는 무관이 필요하지만 평화의 때에는 문관이 필요한 법이다. 여기에 딜레마가 있다. 무관으로 시작한 사람은 계속해서 자신의 투지와 용맹이 환영받을 줄 알지만 시간이 지날수록 사람들이 그를 부담스러워한다. 회사나 교회도 마찬가지다. 팔로어일 때는 행동력과 돌파력을 요구받았다. 그러나 그가 중간 관리자가 되면 행동력보다는 판단력이 요구되고 돌파력보다는 포용력이 요구된다. 그리고 톱 리더가 되려면 문무를 겸비한 사람이 되어야 한다. 그런데 그것이 말처럼 쉽지 않다.

그렇기 때문에 수많은 젊은이들이 배신감을 느낀다. 회사를 위해 교회를 위해 불같이 헌신했는데 중도하차 당하기 때문이다. 모든 것을 바쳐 헌신한 자신을 버리다니! 한때는 칼을 잘 쓴다고 환호하더니 이제는 그 점이 부담스럽다고 나가란다! 그러나 이때 차분하게 잘 생각해야 한다. 그동안 세상은 당신에게 능력을 보여 달라고, 경쟁에서 이기라고, 영웅이 되라고 부추겨 왔다. 그리고 당신이 반전 스토리를 만들어 낼 때 환호했다. 그러나 정작 당신이 영웅이 되고 나면 끌어내리려 한다. 왜 그런가? 이미 당신이 너무 이질적인 존재가 되었기 때문이다. 당신의 속도와 능력이 다른 이들에게는 부담스럽기 때문이다.

그런데 젊은이들은 이런 세상이 등에 칼을 꽂는 피도 눈물도 없는 배신자 같아서 염증이 나고 사람들도 싫어진다. '충성을 요구해서 충성했더니 이제는 부담스럽다고?', '세상이 원망스럽다' 하는가? 그런데 과연 사람들은 당신을 향해 등을 돌렸는가? 하나님은 침묵만 하시는가? 바로 이 지점에서 세상을 구원할 리더로 부름받은 수많은 하나님의 사람들이 주저앉는다. 마치 덫에 걸린 짐승처럼 배신감에 몸부림친다. 하나님이 주신 사명감은 어디론가 증발해 버리고, 세상을 구원할 비전을 포기한다. 심하면 세상에 복수하겠다고 독기를 품는다.

보라. 처음에는 모두가 다윗의 돌파력을 기뻐했지만 나중에는 그를 끌어내리려고 별짓을 다하지 않았는가. 그가 무슨 잘못을 했는가? 그는 단지 강력한 돌파력을 가졌을 뿐이다. 그에겐 아무런 잘못도 없다. 사울 왕이야 제정신이 아니었으니까 그랬다 치자. 그럼 다윗이 목숨을 걸고 살려 낸 휘하의 600인들은 어떤가? 그들이 떠돌이 처지였을 때 다윗이 목숨 걸고 그들을 10년간 지켜 주지 않았는가? 그런데도 그들은 나중에 다윗이 왕이 되자 그를 정치적으로 압박했고 노년에는 쿠데타까지 일으켰다. 왜인가? 다윗은 더 이상 성공 신화를 일군 목동이 아니라 만인의 경쟁 상대인 군주가 되었기 때문이다.

충무공 이순신을 보라. 이이가 주장한 십만양병설을 외면한 조선은 임진왜란으로 전국이 쑥대밭이 되었다. 그때 이순신이 혜성같이 등장한다. 한산해전, 옥포해전, 명량해전 등으로 그는 상상할 수 없는 대승을 거둔다. 결국 패색이 짙어진 왜는 조선과 화해조약을 맺게 되고, 선조는 왜군이 안전하게 돌아가도록 왕명을 내린다. 그러나 이순신은 왕명을 어기고 왜군의 퇴로를 막고 노량해전에서 최후의 일전을 벌인다. 마지막 순간에 그는 왜 갑옷도 입지 않은 채 갑판에 올라가 전쟁을 지휘하다가 화살에 맞아 죽었을까? 그는 져도 죽고 이겨도 죽을 수밖에 없는 처지였기 때문이다.

나는 충무공의 이야기를 보면서 그의 피 끓는 애국심에 눈물이 흐르고, 그의 타협할 수 없는 정의감에 도전을 받지 않을 수 없었다. 그러나 너무나도 아쉽다! 그가 살아남아서 조선의 수군을 정비했다면 조선의 역사는 완전히 달라졌으리라! 충무공은 전쟁의 때에도 필요한 인물이었지만 평화의 때에 더 필요한 인물이었던 것이다.

얼마 전 〈묵공〉墨攻, 2006이라는 영화를 보았다. 춘추전국시대에 최강국이던 조나라가 10만 대군을 이끌고 인구 4,000명의 양성을 공격한다. 그들은 묵가에 지원군을 요청했지만 혁리라는 단 한 사람만이 왔을 뿐이다. 그러나 혁리는 탁월한 전략으로 조나라 대군을 막아 내며 백성들의 지지를 얻는다. 그러자 양성의 왕과 장수들이 위기감을 느끼게 된다. 결국 그는 처형장으로 끌려가지만 우여곡절 끝에 살아남아 야인으로 되돌아간다. 영화를 보면서, '저런 사람이 리더가 되어야 하는데 야인이 되는구나! 시대를 바꿀 사람이 사라지는구나!' 안타까웠다.

하나님의 리더십을 배우라

그렇다. 하나님은 당신을 이런 리더십 딜레마에서 건져 내기 원하신다. 그래야만 당신도 살아나고 하나님도 구원 계획을 완성하실 수 있기 때문이다. 여기 몇 가지 그 해결의 실마리가 될 만한 단초가 있다. 부디 조금이나마 도움이 되기를 바란다.

첫째, 스피릿과 시스템을 연결하는 리더가 돼라. 무관과 문관 중 당신은 어느 쪽 기질인가? 무관은 문관이 될 수 없고 문관은 무관이 될 수 없다고 단정 짓지 말라. 물론 하나님이 당신에게 주신 고유한 기질과 재능이 있다. 그러나 은사가 부르심을 결정하기도 하지만, 부르심이 은사를 결정하기도 한다. 처음에는 대개 은사가 부르심의 길을 열어 준다. 그러나 하나님이 당신을 더 높은 부르심으로 이끌어 가실수록 부르심이 은사를 결정한다. 그 부르심을 이루기 위해 당신에겐 없는 은사들을 갖추어 나가야 한다.

다윗이 참으로 놀라운 것은 무관으로 시작해서 문관이 되었다가 문무를 겸비한 리더가 되었다는 점이다. 그는 어려서부터 들판이 편한 사람이었다. 그러나 하나님은 그를 왕궁 안으로 들여보내신다. 그곳에서 정치를 배우고 국정을 배우게 하신다. 그러나 다시 그는 들판으로 나왔다가 10년 뒤 다시 왕궁으로 돌아온다. 그동안 그는 냉탕과 온탕을 오가며 하나님의 담금질을 받았다! 결국 그는 전사의 스피릿을 국가의 시스템에 불어넣었고, 예배자의 스피릿으로 1년 365일 예배가 끊이지 않는 꿈의 예배 시스템을 만들었다! 마침내 그는 이스라엘 역사상 최선의 왕으로 기억되고 있다.

고 하용조 목사님은 불가능에 도전하던 분이다. 선교단체의 스피릿을 교회라는 시스템에 담는 시도를 했다. 선교단체는 목숨 걸고 헌신하는 투지가 있다. 하지만 교회와 같은 안정감은 부족하다. 반면 교회는 남녀노소 모두가 거주하는 성읍처럼 안정감이 있다. 하지만 선교단체와 같은 투지는 부족하다. 그래서 서로를 오해하거나 비난하기 쉽다. 그러나 교회도 선교단체도 하나님 나라를 위해 동역할 파트너가 아닌가! 양쪽의 장점을 연결하여 원수가 넘볼 수 없는 강력한 하나님 나라의 전선을 구축해야 한다.

청년들이여, 한국 교회와 한국 사회에 꿈을 현실로 만드는 리더, 스피릿과 시스템을 연결할 리더가 되어 달라.

둘째, 그래서 자신의 장점을 알되 자신의 단점을 보완하는 리더가 되어야 한다. 용장들은 겸손을 배워야 하고 지장들은 결단력을 배워야 하며 덕장들은 돌파력을 배워야 한다.

영화 〈삼국지 : 명장 관우〉關雲長, 2011에서 조조가 관우에게 던지는 대사가 인상적이다. "영웅은 네가 해라. 소인배는 내가 하겠다." 무슨 말인가? 모두가 우러러보는 1인 영웅이 되기보다 시대를 바꿀 수 있는 조직의 서번트 리더가 되겠다는 뜻이다. 물론 이전에는 역사가들이 조조를 권모술수에 능한 인물로 보았지만, 최근에는 시대를 움직인 조직의 귀재로 재조명하고 있다. 그에게 배울 점이 있다는 뜻이다. 관우는 용장이었지만 겸손이 부족했고 유비는 덕장이었지만 돌파력이 부족했다. 결국 시대를 변화시킬 리더가 되려면 더 예리하게 훈련받아야 한다.

청년들이여, 야인의 피가 끓는 사람은 전쟁터에 나가라. 그러나 어느 날 하나님이 당신을 책상에 앉히셔도 지루해하지 말라. 반면 학자의 혀가 있는 사람은 구중궁궐로 들어가라. 그러나 어느 날 갑자기 전방으로 발령이 나도 피하지 말라. 하나님은 우리 인생의 퍼즐 조각 어느 하나도 그냥 흘리시는 법이 없다. 반드시 사용하신다. 인생 1라운드에서는 자기 기질대로 쓰일 가능성이 높다. 그때는 병兵일 때다. 그러나 인생 2라운드에서 당신은 자기 기질과 상반되는 자리에 놓일 가능성이 있다. 그때는 하나님이 당신을 장將으로 키우시는 때다. 당신이 지금 전혀 엉뚱한 자리에서 일하고 있다면, 하나님은 지금 당신을 괴롭히시는 중이 아니라 만들어 가시는 중이라는 점을 잊지 말라.

교회에서도 예배 때 빛나는 사람이 있고 아웃리치 현장에서 빛나는 사람이 있다. 회사에서도 기획에 빛나는 사람이 있고 영업에 빛나는 사람이 있다. 그러나 청년들이여, 하나님께서 다윗을 풀무불과 찬

물에 번갈아 넣으시며 강력한 리더로 조련하셨던 것처럼, 하나님의 조련 과정을 포기하지 말고 꼭 통과해 주기를 부탁한다.

난세에 충성했던 젊은이들이여, 자신을 영웅이라 생각하지 말라. 우리는 그저 할 일을 했을 뿐이다. 몇 번의 훌륭한 업적을 가지고 자화자찬하며 스스로 과대평가하는 순간, 영웅은 폭군이 되거나 고집불통이 되고 만다. 그것은 하나님도 당신도 원하지 않는 바다. 오히려 겸손하게 칼을 내려놓고 화합의 리더십을 배우라. 그래야만 하나님이 당신을 쓰실 수 있다.

조지 워싱턴George Washington은 미국 독립전쟁에서 최고의 영웅이었다. 그는 대륙군 총사령관으로서 전쟁터에서 사활을 걸고 싸워 미국의 독립을 지켜 냈다. 그런데 의회는 그렇게 목숨을 걸고 싸운 군인들에게 월급을 지불하지 않았다. 군 장교들은 모여서 의회를 밀어 버리고 정부를 수립하자고 논의했다. 그러나 정작 워싱턴은 우리는 우리가 해야 할 일을 했을 뿐이라고 휘하 장교들의 계획을 무산시킨 뒤, 고향으로 내려가 촌부의 삶으로 돌아갔다. 결국 어떻게 되었는가? 조지 워싱턴은 의회에서 만장일치로 미국의 초대 대통령에 추대되었고 미국 연방정부의 기초를 다졌으며 오늘까지도 미국 건국의 아버지로 불리고 있다.

궁궐 안에서 칼을 자랑하지 말고,
전쟁터에서 붓을 고집하지 말라.
전쟁터에서는 칼을 드는 용기를,
궁궐에서는 붓을 드는 겸손을 배우라.

부디 한국 사회의 좋은 리더가 되고,
한국 교회의 훌륭한 리더가 돼라.

마지막으로, 최선을 다하되 하나님께 맡기는 리더가 돼라.
언제 스피릿을 뿜어내야 하고 언제 시스템을 존중해야 하는지 갈등이 될 때는 하나님께 맡기라. 언제 기준을 이야기하고 언제 포용력을 보여야 할지 혼란스러울 때는 하나님께 맡기라. 스피릿이 있는 사람들은 포용을 타협으로 생각하고 안정된 시스템을 사지死地로 여기는 경우가 많다. 정말 그런가? 당신이 스피릿만 있고 사람을 품을 줄 모른다면, 독재에 불과하다. 깨끗한 물에는 물고기가 놀지 못한다. 그러면 타협하라는 말인가? 아니다. 하나님께 맡기라. 왜? 당신이 아무리 기준을 말해도 기준이 아니라 은혜만이 사람을 변화시킬 수 있기 때문이다. 그러므로 결정적인 시점에는 내려놓으라. 하나님의 손에 맡겨 드리라.

부디 민심과 천심을 다 얻는 리더들이 돼라. 그것은 당신의 인생이 쓰임받기를 원하고 하나님 나라가 세워지기를 원하기 때문이다.

한국 교회도 한국 기업도 카리스마형 리더들이 여기까지 이끌어왔다. 그때는 난세였다. 그러나 지금은 상황이 달라졌다. 오히려 지금은 화평의 리더십이 필요한 때다. 화평의 리더십을 기반 삼아 하나님 나라를 거국적으로 펼쳐 나가야 할 때다.

청년들이여, 부디 각고의 노력으로 문무를 겸비한 리더들이 되어 달라.

25. 미래는 그분 안에 있다

"전에도 계셨고 이제도 계시고 장차 오실 이시라"
계 4:8

젊은이들이여, 영적인 패스트푸드를 선호하지 말고 슬로푸드를 선택하라. 인간이 스마트폰을 쓰느라 오히려 멍청해지고, 소셜 네트워크 시대에 정작 사회성은 떨어진 것처럼, 기도받으러 다니면서 오히려 영적으로는 무지해져서야 되겠는가? 하나님은 당신의 아버지시다. 왜 그분께 직접 다가가지 않는가? 왜 미래에 대한 걱정에만 사로잡혀 있는가? 미래는 아버지의 손에 맡기고 당신은 아버지와 친해지라.

크리스천들이 〈그것이 알고 싶다〉와 같은 프로그램을 만든다면, 그것은 과거사가 아닌 미래사일 것이다. 크리스천들이 선호하는 은사 1위를 조사하면 '예언'이 아닐까 싶다. 예언은 무엇인가? 예언Prophecy은 미리 말하는 것이다. 그것은 선견Foreseeing, 즉 미리 보는 것이다. 그것은 선지Foreknowledge, 즉 미리 아는 것이다. 사람들은 모두 미래를 알고 싶어 한다.

예언은 대언일 뿐이다

그러나 사람들이 오해하는 부분이 있다. 예언의 본래적인 개념은 대언이다. 하나님이 알려 주시는 것을 대신 말하는 것이다. 그러므로 예언의 핵심은 시제時制가 아니라 화자話者다. 사람들이 예언을 듣거나 이상을 보는 것은 결과론적인 것일 뿐이다. 순서를 바로잡는다면 미래에 대해 하나님이 먼저 알고 계시는 것을 후에 우리에게 알려 주시는 것이다.

사무엘상 16장을 보면 사무엘과 같은 대선지자도 실수하는 재밌는 장면이 나온다. 사무엘이 이새의 장자 엘리압을 보는 순간 감동을 받아 기름뿔이 움찔했기 때문이다. 하나님이 "아니야!" 하시는 순간 사무엘도 등줄기에 식은땀이 흘렀을 것이다. 우리는 이 장면에서 사무엘의 실수에 위로를 받기보다 그의 겸손에 도전을 받아야 한다. 하나님이 아니라고 하자 바로 수정했다. 대선지자도 하나님이 알려 주시는 만큼만 알았다. 예언의 은사를 받은 사람도 마찬가지다.

기본적으로 모든 영적인 사역은 통로 역할을 하는 것이다. 설교자들도 스스로 메시지를 만들어 낼 수 없다. 다만 하나님의 메시지를 전달할 뿐이다.

> "각각 은사를 받은 대로 하나님의 여러 가지 은혜를 맡은 선한 청지기같이 서로 봉사하라 만일 누가 말하려면 하나님의 말씀을 하는 것같이 하고 누가 봉사하려면 하나님이 공급하시는 힘으로 하는 것같이 하라" 벧전 4:10-11.

오늘날 청년들이 자기 인생이 열리지 않으면 예언기도 받겠다고 쪼르르 달려가곤 한다. 하지만 성전이 비어 가고 산당이 넘쳐 나면 시대의 영적 기상도가 어두워지고 있다는 징조다. 왜 사람들은 그토록 쉽게 답을 알고 싶어 할까? 그 답이 진짜 그분의 답인지가 더 중요하지 않은가! 무분별한 예언기도는 중국집의 점괘과자 Fortune Cookie 에 불과하다. 문제는 예언기도가 심심풀이 과자로 끝나지 않고, 영적인 중독 현상과 금단 현상을 일으킨다는 데 있다.

믿음의 청년들이여, 인간은 미래를 다 알 수 없다. 그러나 감사하게도 미래를 주관하시는 하나님을 알 수 있다. 신앙의 본질은 미래를 아는 것이 아니라 하나님을 아는 것이다. 본질을 혼동하지 말라.

미래가 아니라 하나님을 알아야 한다

화요성령집회를 하다 보면 종종 웃지 못할 일들이 있다. 하루는 목회자들이 줄을 서서 상담과 안수기도 사역을 하는데, 한 자매가 얼른 이쪽 줄로 달려가서 기도를 받았다. 그러더니 다시 다른 줄로 가서 또 기도를 받았다. 그리고는 와서 왜 두 목사님의 기도가 다르냐고 항의했다. 이것은 잘못된 열심이다. 대언은 족집게 과외가 아니다. 대언은 하나님의 마음을 전하는 것이다. 당신은 미래를 알고 싶은가, 하나님을 알고 싶은가?

누가복음 5장을 보면 예수님이 시몬의 배에서 많은 물고기를 잡게 하신 기적이 나온다. 그 순간 시몬의 동료들은 잡힌 물고기에 놀라고 있었지만, 시몬은 그 기적을 일으키신 예수님에게 놀라고 있었다. 모두가 물고기에 매달려 있는데, 시몬은 예수님 앞에 엎드렸다. 그날 시몬은 기적이 아닌 예수님에게 완전히 꽂혔다. 그리고 그 많은 물고기를 시장에 내다 팔거나 한 마리 구워 먹어 보지도 않은 채 다 버리고 예수님을 좇아갔다.

생각해 보라. 베드로가 원한 것이 물고기였다면 이렇게 말해야 정상이다. "자 예수님, 이제 소원 성취했으니 배에서 내리셔도 됩니다." 아니 좀 더 머리가 잘 돌아갔다면 이렇게 말해야 한다. "와 예수님! 나랑 동업합시다." 그러나 그날 베드로는 다 버리고 예수님을 선택했다. 당신은 미래를 선택하겠는가, 미래를 아시는 예수님을 선택하겠는가? 베드로처럼 예수님 한 분을 따라나설 수 있는가? 우리는 미래를 좇는 것이 아니라 주님을 좇아야 한다.

예전에 중등부 전도사를 할 때였다. 한 자매가 교사를 하고 싶다고 찾아왔는데 얼굴을 보니까 그렇게 우울해 보이는 사람은 처음 보았다. 나는 내키지 않았으나 총무 선생님의 요청으로 그를 교사로 받게 되었다. 그런데 이분이 매주 얼굴이 조금씩 밝아지기 시작했다. 20년 가까이 전문직에서 일하면서 영혼이 너무나 피폐해져 있었으나 하나님의 은혜로 날마다 회복되어 갔다.

급기야 자매는 직업을 내려놓고 일주일 내내 교회 예배에 참석하기 시작했다. 그렇게 3년을 거의 교회에서 살다시피 했다. 그러자 주변에서 자매에게 쓴소리를 하기 시작했다. "너의 하나님이 그렇게 돈만 까먹으면서 무책임하게 살라고 하시더냐?" 자매는 나에게 찾아와서 마음이 아프다고 하소연했다.

"그 기도한다는 사람들 만나지 마세요. 자매는 그동안 너무 지쳐 있었기 때문에 지금은 하나님의 은혜만 누려야 하는 시즌입니다. 머물러 채워야 할 때가 있고 일어나 달려야 할 때가 있는 법입니다. 그 사람들 얘기 듣지 마세요."

그로부터 2년이 지났을까? 교회 주차장에서 그 자매를 또 만났다. "목사님, 저 신학교 가려고 해요." 나는 순간 놀랐다.

"그런데요. 주변에서 기도하는 분들이 당신 잘못 들은 거라고 당신은 절대 신학교 가면 안 된다고 해요. 저 가면 안 되나요?"

이미 세상의 다른 것들이 그녀에게는 의미가 없었다. 주님 위해 살고 싶은 마음뿐이었다. "자매님, 이 길이 정말 하나님을 위해 가는 길이라면, 하나님이 중간에 아니라고 하시면 멈출 수 있겠어요?", "네. 그럼요.", "그러면 가도 되요. 내가 선택했다고 고집만 피우지 않으면 되요."

나도 솔직히 반대하고 싶었다. 그러나 내가 하나님도 아닌데 그녀의 미래를 어찌 알랴? 그럼 지금 그녀는 어떻게 지낼까? 너무나도 잘 사역하고 있다! 그때 내가 스스로 입단속하기를 얼마나 잘했는지 모른다.

크리스천들이여, 함부로 하나님의 이름을 들먹이지 말라. 허물없는 사이일지라도 서로의 신앙을 존중하라. 크리스천은 미래에 집착하는 사람들이 아니라 하나님께 밀착하는 사람들이다.

예배를 통해 그분과 직접 만나라

그러므로 예언보다 예배에 집중하라. 예언을 중시하면 예배가 아닌 이상한 곳으로 흐르지만 예배를 중시하면 예언도 주신다. 왜냐면 모든 예배는 현실에서 출발하지만 미래로 끝나기 때문이다. 거의 모든 시편이 그렇지 않은가. 현실의 부르짖음에서 시작된 기도가 미래를 향한 선포로 끝이 난다. 그래서 모든 영적 예배는 예언적 예배 Prophetic Worship로 이어진다. 그러므로 예언기도에 목을 매지 말고 찬양과 경배에 목숨을 걸라. 예언한다고 예배를 막는 일을 하지 않도록 주의하라. 다만 미래는 예배하는 자에게 열린다.

그렇다고 내가 은사 중지론을 말하는 것은 아니다. 균형이 필요하다고 말하는 것이다. 물론 나는 예언의 은사를 믿는다. 내 어머니가 예언의 은사를 받은 분이었다. 어머니는 내가 본 사람들 중에 하나님과 가장 친밀한 분이었다. 인생이 힘들던 젊은 날 스스로 성전에 찾아가셨고 성전에서 기도하던 첫날부터 성령 체험을 하셨다. 이후로 어머니는 평생토록 하루 종일 하나님과 대화하셨고 동행하셨다. 그러나 어머니의 삶의 본질은 예언이 아니라 친밀함이었다.

"내가 하려는 것을 아브라함에게 숨기겠느냐"창 18:17.

하나님은 어머니에게 거의 모든 것을 말씀하셨다. 오늘 자녀들에게 일어날 일도, 중환자실에 있는 집사님이 언제 돌아가실지도, 아들이 어느 대학 어느 과에 몇 점으로 입학할지도, 그리고 대통령이 누가 될지도 말씀하셨다. (어린 나는 교회 집사님들은 어머니처럼 다 그러시는 줄 알았다.) 이쯤 되면 전국에서 전화가 온다. 그러나 감사한 것은 어머님은 자리 펴고 예언사역을 하지 않으셨다. 산당을 만들지 않으셨다. 오로지 들려주시면 정말 그러한가 하여 종일 성경을 보셨다. 달려가 말하지 않고 조용히 중보기도만 하셨다. 그리고 겸손히 한 교회 한 목회자를 평생토록 섬기셨다.

청년이여, 당신은 미래를 알고 싶은가 하나님을 알고 싶은가? 당신은 로맨스를 즐기고 싶은가 진실한 사랑을 하고 싶은가? 언젠가 연인 사이인 청춘 남녀가 내게 예언에 대해서 물어보았다. 그때 나는 이렇게 대답해 줬다.

"자매가 이 형제를 좋아해서 그가 뭘 원하는지 알고 싶다고 해 봐. 그런데 정작 만나지는 않고 계속해서 이 형제랑 친한 나한테만 물어보는 거지. 그리고는 '아, 그걸 원하는구나!' 하면서 혼자 기뻐해. 그런데 그 형제를 만나지는 않아. 마치 그런 것이지. 예언기도에만 의지하는 것은, 하나님이 원하시는 것을 질문만 하고 정작 그분과 직접 만나 친해지려고 하지 않는 것과 같은 거란다."

그러나 더 큰 문제는 예언을 무기로 삼는 사역자들이다. "내가 없으면 너희들은 절대 하나님 못 만나!" 큰소리를 치고 싶어 한다. 그런 예언자들이 하나님과 성도 사이를 멀어지게 만든다. 마치 시어머니가 아들 집에 와서 아들과 며느리 사이에 누워 자는 격이다. (오 끔찍해라!) 중매 서는 사람은 연결만 시켜 주고 빠져야 한다. 두 사람이 친해지도록 만들어 주어야 한다. 당신에게 은사를 주셨다면 말 그대로 중매만 하라. 더 이상 끼어들지 말라.

젊은이들이여, 영적인 패스트푸드를 선호하지 말고 슬로푸드를 선택하라. 인간이 스마트폰을 쓰느라 오히려 멍청해지고, 소셜 네트워크 시대에 정작 사회성은 떨어진 것처럼, 기도받으러 다니면서 오히려 영적으로 무지해져서야 되겠는가? 오히려 하나님과 멀어져서야 되겠는가? 미래가 그분의 손안에 있다. 그리고 그분이 나의 아버지 되신다. 왜 그분께 당신이 직접 다가가지 않는가? 왜 미래에 대한 걱정에만 사로잡혀 있는가?

미래는 아버지의 손에 맡기고 당신은 아버지와 친해지라.
말씀을 통해 아버지의 음성을 듣고,
기도를 통해 아버지께 고백하고,
예배를 통해 아버지를 직접 만나라.
그리고 아버지가 허락해 주신 오늘을 최선으로 활용하라!
그러면 미래는 열릴 것이다!
당신이 원하는 것 이상으로
당신이 기대하는 것 이상으로.

26.

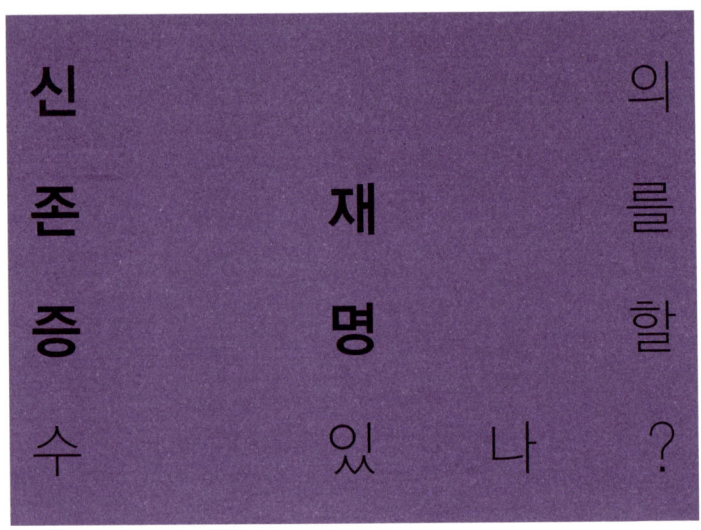
신 존재 증명을 할 수 있나?

"하나님이 어디 있느냐?"
시 79:10

신이 자신을 드러내지 않는 것이 아니라 인간이 알아보지 못하는 것이다. 증명이란 듣는 이의 수준으로 이해가 되어야 하는데 문제는 듣는 이인간의 수준이 증명하시는 이신의 수준에 전혀 미치지 못한다는 데 있다. 그러므로 증명 자체가 불가능하다. 과연 신이 존재를 증명해 주면 인간이 알아들을 수 있을까? 우리가 신에게 구해야 할 것은 증명이 아니라 체험이요, 설명이 아니라 믿음이다.

∎

"21세기는 영성의 세기가 될 것이다."

20세기 말 미래학자들의 주장이었다. 그 주장대로 지금 우리는 종교의 홍수 시대에 살고 있다. 오늘날은 종교다원주의가 종교계의 기본 정신이 되고 있다. 게다가 혼합종교와 신흥종교가 물밀듯이 쏟아져 나오고 있다. 그러나 또 다른 한편에서는 무신론자들이 과학만능주의를 등에 업고 기독교를 맹렬히 공격하는 것을 보게 된다. 참 아이러니한 상황이 아닐 수 없다. 오늘날 세상은 극단적 무신론과 극단적 유신론으로 혼탁해져 있다.

인간은 진리를 알고 싶어 한다. 무엇이 사실인지, 무엇이 진실인지 알고 싶어 한다. 내가 기독교 가정에서 태어났기 때문에 하나님을 믿는 것은 아닌지, 내가 불교 집안에서 태어났다면 불자가 되지는 않았을는지, 그렇다면 무신론적인 환경에서 태어났다면 당연히 신을 인정하지 않고 살지 않았을까 질문하게 된다. 그렇다면 종교는 문화의 문제이지 진리의 문제가 아니지 않겠는가.

인간은 신에 대해 어떤 반응을 보이는가? 인류 역사를 보며 놀라운 점은, 언제 어디서나 인간은 신에 대한 이야기를 한다는 사실이다. 파푸아뉴기니 밀림 속에 살고 있는, 그래서 외부와 전혀 접촉이 없던 종족들도 신을 찾는다. 누가 그들에게 신을 가르쳐 주었는가? 한편

최첨단의 도시 문명을 누리는 사람들도 신을 논한다. "신은 죽었다"는 니체의 외침처럼 이제는 잊을 만도 하지 않은가? 그런데 사람들은 왜 여전히 신을 찾는가?

과연 신이 존재하는가?

과연 신은 존재할까? 철학 강의 제1장에서 나오는 명제가 있다. "세상의 모든 존재는 타자에 의해 정의되지만 신은 타자의 의해 정의되지 않는, 세상의 모든 타자를 정의해 주는, 궁극적인 존재Ultimate Being다."

당신은 그런 존재가 있다고 믿는가? 그걸 어떻게 아는가?

사실 청춘의 때에 고민해야 할 현실적인 문제가 어디 한두 가지인가? 이런 심각한 고민이 지금 필요할까? 그러나 급하지Urgent 않으면서도 중요한Important 사안일수록 인생에서 우선순위Priority가 있다는 사실을 우리는 안다. 마치 이런 것이다. "로마에 가면 로마의 법을 따르라." 어떤 나라에 가든 그 나라의 풍습을 존중하고 따라야 한다는 말이다.

그렇다면 지금 내가 살고 있는 지구가 만일 신이 만든 것이라면, 과연 신을 인정하지 않고도 이 지구상에서 잘 살 수 있을까? 마치 어떤 학생이 입학허가도 나지 않았는데 대학을 다니는 것과 같지 않겠는가? 그가 아무리 강의를 듣고 학점을 따도 그는 졸업하지 못한다. 아니 아예 학생이 아니었던 것이다. 열심히 인생을 살아도 신의 세계에서 신을 인정하지 않고 있다면 인생 자체가 무의미해진다. 아니 열심히 살았을수록 허무해진다. 졸업식 날 그는 엄청난 충격에 빠질 테니까. 이 땅을 떠나는 날 충격받지 않으려면, 이 문제야말로 가장 시급한 문제다.

신의 존재에 대한 사람의 반응은 크게 세 가지가 있다. 첫째, 유신론은 신이 존재한다고 믿는 것이다. 둘째, 무신론은 신이 존재하지 않는다고 믿는 것이다. 셋째, 불가지론은 신이 존재하는지 알 수 없다는 주장이다.

유신론자들은 (대부분) 신의 존재를 체험했기에 신이 존재한다고 믿는 사람들이다. 불가지론자들은 신과의 접촉이 없었기 때문에 인간은 신의 존재 여부를 논할 수 없다고 생각한다. 어떻게 보면 불가지론은 유한한 인간으로서 가장 정직한 답변이라고 하겠다. 그러나 가장 안타까운 것은 무신론이다. 그들은 어떻게 신이 없다는 강력한 믿음을 갖게 되었을까?

사실 인류는 누가 가르쳐 준 것도 아닌데 신을 찾는다. 고대 헬라의 쾌락주의자들처럼 고통도 쾌락이라고 인식하면 정말 그렇게 되는가? 온 인류가 신에 대해 갈급해 하는데 "사실은 목마른 게 아니다"라고 선언하면 감쪽같이 갈증이 사라지는가? 인간 안에는 부인할 수 없는 신에 대한 목마름이 있다. 인간은 시간 속에 살면서도 영원을 꿈꾸지 않는가? 영원한 사랑, 영원한 생명, 영원한 영화를 노래하지 않는가? 인간은 유한한 존재이면서 무한한 능력, 무한한 지혜, 무한한 세계를 탐하지 않는가? 왜 인간은 상대적인 존재이면서 절대적인 지위, 절대적인 영향력, 절대적인 권력을 바라보는가? 왜 인간은 땅에 살면 땅으로 만족하지 못하고 하늘을 바라보는가?

성경은 우리가 하나님의 형상이기 때문이라고 말한다. 영원하신 하나님이 인간을 만드셨기 때문이라는 것이다. 인간은 한 번도 가 본 적 없는 천국에 가는 것이 아니라, 원래 내가 온 그곳으로 돌아가는 것이다. 내 아버지 집이 있는 고향으로 돌아가는 것이다.

신을 증명하라

재미있는 이야기를 하나 하겠다. 3년 전 밴쿠버에서 서울로 돌아왔을 때였다. 큰아들이 불평을 했다.

"6학년은 이번 수학여행으로 제주도 간대. 5학년은 에버랜드 간대. 4학년은 서울랜드 간대. 그런데 우리 3학년은 너구리마을 간대."

"그래? 그게 어딘데?"

"나도 몰라. 무슨 체험학습장인지…."

"하지만 캐나다에서 나올 때 아빠가 약속한 대로 디즈니랜드 데려갔잖아. 너희 반 친구들이 디즈니랜드 가 봤어?"

"응, 다 가 봤어."

충격이었다. 이촌동이 좀 그런 동네다.

"그럼 너희 반 친구들이 캐나다 로키산맥 가 봤어?"

"그건 아닌데…."

아들이 좀 밀리기에 마무리 한방을 날렸다.

"그럼 너희 반 친구들이 천국에 가 봤어?"

대답이 없다. 형이 힘들어하면 힘이 나는 인간이 있다. 동생이다.

"그렇지! 형 친구들이 어떻게 천국에 가 봤겠어!"
그러자 큰아들이 잠시 생각에 잠기더니 이렇게 말했다.
"아니야, 지훈아. 우리 모두는 태어나기 전에 천국에서 온 거야!"
와우! 정말 멋진 답변이었다! 그러더니 아들이 내게 묻는다.
"아빠는 천국에 못 가 봤어?"
"음. 아빠가 아직 안 죽었으니까 못 가 본 거 같은데."
"그래? 이상하다. 아빠는 목사인데도 천국에 못 가 봤어?"

우리는 왜 천국에 대한 감이 없는 것일까? 인간이 신에 대한 영적인 기억 상실증에 빠져 있기 때문이다. 인간은 하나님더러 당신은 내 아버지가 아니라고 말한다. 아니 당신을 알지 못한다고도 말한다. 그러면 어떻게 인간이 신 존재를 인정할 수 있는가?

학창 시절 읽었던 일본 과학자 츠즈키 타쿠지의 《4차원의 세계》(홍, 2003)라는 책의 내용을 이야기하고 싶다. 그는 기독교인도 아니었고 특정 종교를 가진 사람도 아니었지만 4차원의 세계를 설명하다가 신의 존재를 증명하게 된다.

먼저 차원Dimension의 법칙을 몇 가지 설명하겠다.

저차원은 고차원으로 접근 불가능하다.

그러나 고차원은 언제든지 저차원으로 접근 가능하다.

1차원은 점 내지는 방향을 전환할 수 없는 직선이다.

2차원은 1차원이 무한히 중첩된 면이다.

3차원은 2차원이 중첩된 공간이다.

4차원은 3차원이 중첩된, 공간을 초월하는 세계다.

츠즈키 타쿠지는 이렇게 설명한다. 1차원의 존재가 있다면 그는 전진 아니면 정지, 두 가지 운동밖에 할 수 없다. 그런데 1차원의 존재가 직선 위에서 운동하다가 갑자기 자신이 밀고갈 수 없는 장애물을 만나게 되면, 그는 전진할 수도 없고 돌아설 수도 없고 그냥 평생 멈춰서서 거기서 죽어야 한다. 그 순간 2차원의 존재가 1차원의 존재를 보니까 (전자는 후자가 보이지만, 후자는 전자가 보이지 않는다) 너무 불쌍해 보인다. 그래서 1차원의 직선 위에 있는 장애물을 직선 밖으로 밀어내 버렸다. 순간 1차원의 존재로서는 도저히 이해할 수 없는 기적이 일어난 것이다! 1차원 세계의 논리나 법칙으로는 설명이 불가능한 일이다.

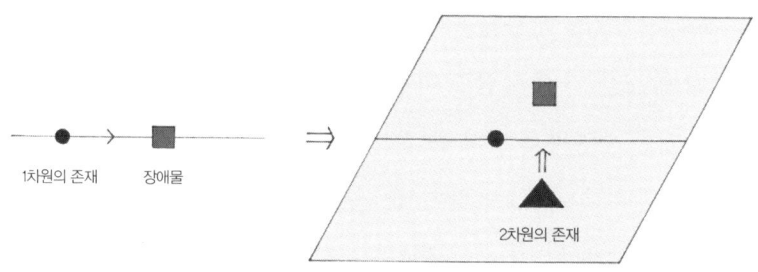

계속해서 이렇게 설명한다. 개미를 2차원의 존재라고 (물론 공간 속에 살지만) 하자. 인간은 3차원의 존재다. 개미들이 줄을 지어 개미집으로 가고 있다. 그런데 사람이 개미들을 보고 있다가 한 마리를 잡아서 하루 종일 데리고 놀았다. 그러다가 개미집에 다시 넣어 주었다. 그러면 그 개미는 어떻게 하겠는가? 갑자기 개미굴 사거리에 서서 확성기라도 있다면 들고 외쳐댈 것이다.

"개미 여러분, 인간이라는 존재가 있습니다! 인간을 믿으십시오!"

그 개미는 인간을 뭐라고 정의할 수는 없지만 분명히 인간을 만나는 체험을 했기 때문에 부정할 수 없는 것이다. 그러나 지나가는 개미들은 중얼거리겠지. "저런 미친 개미가 있나! 잠시 어디 다녀 오더니 완전히 돌아 버렸군!" 이렇게 말하는 개미들도 지극히 정상적이다. 인간이라는 존재를 인식할 수도 없고 체험해 보지도 못했으니 당연히 인간의 존재를 믿을 수 없는 것이다. 그러나 그들이 조금만 더 겸손하다면 불가지론을 선택했을 것이다.

그래서 츠즈키 타쿠지는 이 책의 마지막 장에서 이런 결론을 내린다.

"인간은 3차원의 세계 속에서 살지만 4차원의 세계로 진입할 수는 없다. 그런데도 4차원의 존재인 신에 대해서 존재하지 않는다고 과감하게 주장한다. 참으로 신이 보면 그런 인간들이 얼마나 가소로울까!"

그는 '가소롭다'고 표현했지만 성경은 하나님께서 '안타까워하신다'고 표현한다. 이것은 우물 안의 개구리와 같은 것이다. 우물 밖에 나가 본 적이 없는, 아니 나갈 수 없는 인간이 어떻게 우물 밖에 신이 없다는 강력한 확신을 가질 수 있겠는가? 그래서 무신론은 자기 세뇌일 뿐이다. 아니, 온 우주에 충만한 신의 존재가 자신에게만 없다고 하는 절망적인 선언이다.

성경은 우리에게 말한다. 인간이 신에게 먼저 다가가는 것이 아니라 신이 먼저 인간에게 다가온다고. 그것은 과학적인 차원의 법칙과 동일한 원리다. 시간 속의 인간은 영원에 진입할 수 없다. 인간은 3차원의 시공간의 장벽을 뛰어넘을 수 없다. 그래서 인간이 과학으로 신의 존재를 있다 없다 말하는 것 자체가 어불성설이다. 3차원 세계의 접근법으로 어떻게 4차원을 설명하겠는가.

그러나 놀랍고도 감사한 것은 언제나 고차원은 저차원으로 개입이

가능하다. 영원하신 하나님이 시공간의 세계 속으로 찾아오신 것이 얼마나 감사한가! 삼위일체 하나님은 시간 속으로 찾아와 개미와 같은 존재에 불과한 인간과 교제하기 원하신다. 창조주 하나님은 시공간을 만들고 영원에서 이곳으로 찾아오신 분이다. 구원자 예수님은 죄에 빠진 인간을 구원하기 위해 하늘 보좌를 버리고 육신을 입으신 분이다. 성령 하나님은 죄인인 인간이 하나님의 자녀가 되자 그 위에 직접 임재하신 분이다.

이것이 하나님의 눈높이다. 신이 인간의 눈높이를 맞춰 주신 것이다. 어른과 아이가 있으면 어른이 앉거나 몸을 낮춰서 아이와 눈높이를 맞추듯이, 하나님이 인간의 눈높이를 맞춰 주신 것이다.

노벨 물리학자와 유치원생이 대화하려면 학자가 아이의 언어로 대화해 주어야 한다. 그런데 유치원생이 물리학자의 말을 이해할 수 없다고 그에게 "틀렸다!"고 말할 수 있는가? (오늘날 인간이 날마다 하나님에게 그러고 있지 않은가.)

삼성그룹의 고 이병철 회장이 타계하기 전에 던진 24가지 질문 중 한 가지가 이것이었다.

"신의 존재를 어떻게 증명할 수 있나? 신은 왜 자신의 존재를 똑똑히 드러내 보이지 않는가?"

좋은 질문이다. 여기에 나는 이렇게 답해야 하겠다.

"신이 자신을 드러내지 않는 것이 아니라 인간이 알아보지 못하는 것이다. 증명이란 듣는 이의 수준으로 이해가 되어야 하는데 문제는 듣는 이(인간)의 수준이 증명하시는 이(신)의 수준에 전혀 미치지 못한다는 데 있다. 그러므로 증명 자체가 불가능하다. 아니 불필요하다. 과연 신이 존재를 증명해 주면 인간이 알아들을 수 있을까? 인간이 신에게 증명을 요구하는 것은 무의미하다. 우리가 신에게 구해야 할 것은 증명이 아니라 체험이요, 설명이 아니라 믿음이다."

신은 발견하는 것이다

중요한 것은 인간이 신 존재를 입증하는 것이 아니라 신 존재를 경험하는 것이다. 유치원생이 대학교수의 학문이 사실인지 아닌지를 검증할 능력은 없다. 다만 그의 학문이 사실임을 대학교수가 아이의 눈높이에 맞춰 경험시켜 줄 수는 있다. 가령, 아이에게 물리학 이론을 다 이해시켜 줄 수는 없어도 물리적인 현상을 경험시켜 줄 수는 있다.

사실 하나님은 이미 자신의 존재를 우리에게 똑똑히 드러내 보이셨다.

첫째, 하나님은 자연을 통해 자신을 드러내셨다.

사계절의 변화와 자연만물의 움직임과 생명의 신비를 통해서 신의 존재를 계속해서 어필하고 계신다.

"창세로부터 그의 보이지 아니하는 것들 곧 그의 영원하신 능력과 신성이 그가 만드신 만물에 분명히 보여 알려졌나니"롬 1:20.

그래서 자연경관만 보고도 신의 존재를 느끼는 사람들이 많지 않은가. 로키산맥, 나이아가라 폭포, 숲속 오솔길, 꽃 한 송이를 보면서 인간은 신의 숨결을 느낀다. 왜? 작품을 통해 작가를 아는 것과 같은 것이다. 사실 하나님은 수많은 작품으로 자기 증명을 하고 계시며, 자기 자신을 똑똑히 드러내고 계신다. (그중 최고의 작품이 바로 당신 아닌가! 그래서 어거스틴은 내 안에서 하나님을 발견한다고 했다.)

둘째, 하나님은 예수 그리스도를 통해 자신을 드러내셨다.
범죄와 타락으로 영원의 세계와 고리가 끊어진 인간에게 하나님이 찾아오셨다.

> "오히려 자기를 비워 종의 형체를 가지사 사람들과 같이 되셨고" 빌 2:7.

영원하신 주님이 시간 세계 속으로 오셔서 우리와 만나 주시고 우리와 대화해 주시고 우리와 교제해 주셨다. 그리고 이제 그분이 우리를 그분의 나라로 데려가겠다고 하신다.
이것이야말로 우주적인 신데렐라 스토리가 아니겠는가! 당신은 그분의 손을 거절하겠는가 아니면 붙잡겠는가? 당연히 신이 있는지 없는지 신을 경험해 보지 못한 사람들은 뭐라 말할 수 없다. 사실 차원의 법칙상 신이 먼저 인간에게 찾아오지 않는 이상 인간은 신에게 먼저 다가갈 수 없기 때문이다. 왕자가 신데렐라를 찾겠다고 온 나라를 뒤지지 않는 이상, 신데렐라가 왕궁에 찾아갈 방법은 없다. 감사하게도 신이 인간을 찾아오신다니, 신이 인간을 아직도 기다리고 계신다니, 그리고 신이 내 앞에 무릎을 꿇고 유리 구두를 신겨 주시며 청혼하신다니, 이 얼마나 놀라운 일인가!

"순간의 선택이 10년을 좌우한다."

예전에 어느 가전제품을 광고한 문구다. 그렇다. 인생은 선택의 연속이다. 휴대폰 하나를 선택하면 약정 기간 2년은 가야 한다. 자동차 한 번 선택하면 적어도 5년은 쓰게 된다. 그리고 누구와 결혼하기로 결정하면 평생을 살아야 한다. 그런데 하나님을 선택할 것인가 말 것인가의 문제는 영원을 좌우한다. 이것은 인간이 내릴 수 있는 가장 중요한 선택이다. 고민도 해 보지 않고 샘플도 써 보지 않고 그냥 없다고 치부할 수는 없는 노릇이다! 적어도 1년은 교회를 다녀 보고 적어도 성경 한 번은 읽어 보고 그리고 결정해도 늦지 않다. 아니 인생의 99%를 살고 1%의 시간이 남아 있을지라도 아직 신중하게 생각할 기회가 있다.

그분이 내 아버지시다

그 누구도 가볍게 "신은 없다"고 말할 수 없다. 아니 우리가 신이 있다 없다를 논할 계재가 아니다. 오히려 신이 우리를 받아 줄 것인가 말 것인가가 관건이다. 신이 우리를 받아 줄 의향이 있을 때, 아직 우리가 신을 받아들일 기회가 있을 때, 아직 천국 문이 열려 있을 때,

신을 인정하고 신에게 SOS를 청하자.

그런데 감사한 것은 그분이 우리 아버지시라는 것이다. "당신이 내 아버지인 것을 증명하라." 요즘 시대에는 그것을 DNA검사라는 것으로 알아내지만, 그것이 불가능하던 예전에는 어떻게 했을까? 믿느냐 안 믿느냐의 문제였다. 왜? 부모가 나를 만들던 날을 자식이 보지도 못했는데 어떻게 증명해 내겠는가? 적어도 마음을 열고 내 부모를 만나야 하지 않겠는가?

내 육신의 아버지가 계시듯이 내 영혼의 아버지가 계신다. 이제는 그분을 만나야 하고 그분을 찾아야 한다. 자식이 집 나가면서 "이제 난 부모 없어!" 한다고 정말 부모가 없어지는가? 오랜 세월 독립해서 살았을지라도 내 머리로는 도무지 이해가 안 돼도 부모다. 부모는 만난 적이 없어도 부모다. 그분은 당신이 돌아갈 고향이요 그분은 당신의 아버지이시다.

"이 내 아들은 죽었다가 다시 살아났으며 내가 잃었다가 다시 얻었노라" 눅 15:24.

27. 하나님은 한 사람을 찾으신다

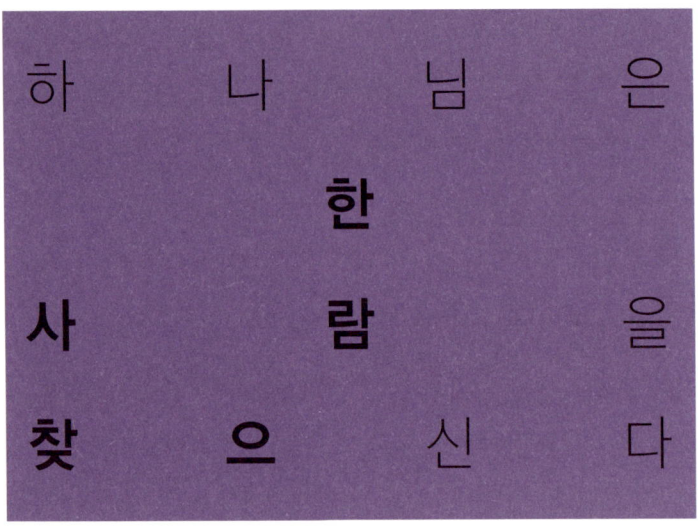

"멸하지 못하게 할 사람을 내가 그 가운데에서 찾다가"
겔 22:30

청년들이여, 지금은 세속주의에 빠져 있을 때가 아니다. 지금은 잠에 빠져 있을 때가 아니다. 지금은 방황 좀 하다가 돌아오겠다고 여유 부릴 때가 아니다. 지금은 자다가 깰 때다! 청년 한 명이 살아나면 무너진 한국 교회를 살릴 수 있다. 청년 한 명이 살아나면 열방에 주의 오심이 선포될 것이다.

인사만사人事萬事.

직원 한 사람이 기업을 바꿀 수 있다. 가족 한 사람이 가문을 변화시킬 수 있다. 국민 한 사람이 국가를 바꿀 수 있다. 티끌 모아 태산이요, 겨자씨 한 알에 위력이 있다. 하나님은 한 사람을 찾으신다. 한 사람을 찾으면 시대를 바꾸실 수 있기 때문이다.

하나님의 한 사람

캐나다에서 돌아올 때 하나님이 주신 마음이 있다. 그것은 청년 세대를 향한 마음이었다. 한국에 있을 때는 영어도 잘하고 명문 대학을 나온 1.5세들이나 유학생들이 훌륭해 보였다. 그러나 현장에서 직접 그들을 돌보다 보니 이들 안에 아픔도 많고 깨어짐도 많음을 알았다. 그래서인지 4년간 밴쿠버 온누리교회에서 사역하는 중에 성인도 부흥하고 차세대도 부흥했으나 유독 청년들만 부흥하지 않았다. 처음에는 "어딜 가서 설교해도 너희들처럼 힘든 회중은 없다!"고 원망하기도 했다. 하지만 하나님은 "네 안에 청년을 향한 사랑이 없구나!"라며 나를 질책하셨다. 그리고 내 안에 이 시대 한국 청년들을 향한 눈물을 주셨다. 비전을 주셨다. 그리고 고국으로 돌아가 청년 세대를 일깨우라는 말씀을 주셨다.

2005년 3월, 나는 캐나다로 떠나기 전에 이기연(이화여대기독교연합) 개강예배에 설교하러 갔다. 당시 유럽 코스타에 다녀오던 중 이코노미 증후군으로 인해 왼발 종아리 근육이 파열된 터라 목발을 짚고 단에 올라갔다. 그 후 3개월 뒤 한 이대생이 내가 담당하던 청년부에 새가족으로 왔다가 나를 보고 놀라며 말했다.

"목사님! 장애인 아니셨어요?"

2009년 11월, 캐나다에서 돌아온 후 전주대학교 청년집회에 설교하러 갔다. 이번에도 목발을 짚었다. 바로 며칠 전 축구하다가 오른쪽 발목 인대가 파열됐기 때문이다. 사람들이 걱정했다. "그 발을 하고서 어떻게 전주까지 가서 설교해?" 나는 웃으며 대답했다. "발로 설교하나? 입으로 설교하지."

고국으로 돌아와 청년들을 깨우기 위해 동분서주했다. 하나님은 이 시대를 바꾸실 청년 한 사람을 찾으신다고 외치며 다녔다. 더원The One 집회, 한 사람이면 된다고 계속해서 외치고 다녔다. 연합예배가 없던 한국예술종합학교에 들어가 개강·종강 연합예배를 드렸고, 젊은 예술가들은 영적 고뇌에서 일어나 하나님을 찾았다. 카이스트(KAIST, 한국과학기술대학교)에서도 더원 집회를 열어 젊은 과학도들에게 과학만능에 빠지지 말고 과학을 통해 하나님의 질서를 드러내라고 도전했다.

그리고 2010년 8월부터 매 해 여름 더원 전국대학청년수련회를 열고 있다. 전국 각처 100개 교회 1,000명의 젊은이들이 모여 하나님 앞에 전심으로 예배하는 한 사람의 예배자로 서는 자리다. 지방의 작은 교회에서도 오고, 섬에서도 오고, 우리는 그렇게 모여 평생에 드릴 단 한 번의 예배를 그분께 전심으로 드린다.

천국을 침노하는 예배자가 돼라

하나님은 이 시대에 다윗의 장막을 재건할 사람을 찾으신다. 2007년 '평양대부흥운동 100주년'을 부르짖었지만 부흥은 오지 않았다. 아니 이후로 한국 교회는 날개 없는 추락을 하고 있다. 교회가 세상을 변화시키던 시대는 끝났고 오히려 세상이 교회를 걱정하는 시대가 되었다. 과연 부흥이 무엇인가? 부흥復興은 다시 일어서는 것이다. 그것은 새로운 자리로 가는 것이 아니라, 본래의 자리로 돌아가는 것이다.

그런데 이제 한국 교회는 더 이상 부흥할 수 없다는 패배주의에 빠져 있는 것 같다. 캠퍼스 선교는 포기 직전 상태이고, 개교회 청년부들은 대부분 바닥을 치고 있다. 게다가 이단이 한국 교회의 20%를 차지한다고까지 한다. 한국 교회 역사상 이렇게 이단의 비율이 높았던 적이 없다. 유럽의 교회들과 성당들이 관광지로 전락하고 나이트클럽으로 변하고 모스크로 바뀌는 것을 남의 일로 볼 수 있겠는가?

지금 비대해진 한국 교회는 응급실에 누워 CPR(심폐소생술)을 받고 있다. 교회가 한국 사회에 희망을 주기는커녕 실망을 주고 있다. 크리스천 청년들은 취직이 어려워 비전적 딜레마에 빠졌을 뿐 아니라, 부흥이 요원하여 신앙적 딜레마에도 빠져 있다. 우리는 어디로 가야 하는가?

그때 주신 말씀이 있다.

"이 후에 내가 돌아와서 다윗의 무너진 장막을 다시 지으며 또 그 허물어진 것을 다시 지어 일으키리니"행 15:16.

나는 눈을 씻고 다시 보았다. 사도행전 말씀이다. 하나님은 아직도 다윗의 장막을 그리워하고 계신단다. 왜? 도대체 무엇 때문에? 하나님은 화려한 솔로몬 성전을 재건하라는 것도 아니고 거대한 헤롯 대성전을 증축하라는 것도 아니셨다. 하나님은 초라하지만 전심으로 하나님을 예배하던 예배자들이 그리우셨던 것이다. 그리고 지금도 그렇게 꿈의 예배를 세울 사람을 찾으시는 것이다.

다윗은 하나님의 꿈을 실현시켜 드린 사람이었다. 가인이 첫 번째 도시를 세운 이후로 도시는 인간 중심의 영역이었다. 사람들이 흩어짐을 면하고 인간의 명성을 내고 하나님과 견주기 위해 바벨탑을 쌓을 때, 이미 도시의 교만은 하늘을 찔렀다. 그러나 처음으로 하나님을 예배하는 도시, 하루 24시간, 일주일 7일, 1년 365일 예배가 끊이지 않는 꿈의 성소를 세운 사람이 바로 다윗이었다. 인간이 주인공이 아니라 하나님이 주인공이 되는 첫 번째 도시가 바로 예루살렘이었다.

그러면 다윗이 화려한 성전을 지었는가? 아니다. 다윗은 그저 천막을 쳤을 뿐이다. 왜? 하나님께서 그에게 성전 건축을 허락하지 않으셨기 때문이다. 그러나 하나님은 이곳을 너무나 기뻐하셨다. 왜? 그곳에 천국을 침노하는 예배자들이 있었기 때문이다. 하나님은 지금도 그때를 추억하고 계신다.

청년들이여, 세상을 보라. 세계에서 가장 큰 워터파크. 세계에서 가장 큰 놀이동산. 세계에서 가장 높은 건물. 세계에서 가장 큰 몰. 세계 무역의 중심지로 세워진 꿈의 도시 두바이. 세계적인 문화와 예술의 도시 파리. 세계 최고의 경제 중심지 뉴욕. 저마다 사람들은 자신들이 꿈꾸는 공간들과 도시들을 만들고 자랑스러워한다. 그렇다면 우리들 중 누군가는 하나님이 그리워하시는 다윗의 장막을 다시 세워야 하지 않겠는가! 거룩한 시티 플래너City Planner, 거룩한 하나님 나라의 건축자들이 나와야 하지 않겠는가!

한 사람이면 된다

청년들이 자기 앞가림하기도 힘든데 무슨 그런 꿈을 꾸겠는가? 아니다. 자신을 평가절하 하지 말라. 한 사람이면 세상을 바꿀 수 있다. 하나님은 모세 한 사람을 기다리셨다가 출애굽을 가능케 하셨다. 하나님은 다윗 한 사람을 기다리셨다가 예배하는 나라 다윗 왕국을 시작하셨다. 한 사람이다! 하나님께서 세상을 움직이시는 데는 단 한 사람이면 된다!

다윗을 보라. 그는 배우지 못한 사람이었다. 그는 부모에게 버림받은 아들이었다. 그는 형들에게 미움받는 동생이었다. 그는 양치기 소년에 불과했다. 아무도 그를 주목하는 사람이 없었다. 그러나 마른 막대기 같은 그를 하나님의 손이 붙들자, 시대를 바꾸는 놀라운 인물이 되었다.

> "여호와의 구원은 사람이 많고 적음에 달리지 아니하였느니라" 삼상 14:6.

숫자의 문제가 아니다. 그가 하나님의 사람이냐 아니냐의 문제다. 아브라함이 소돔과 고모라를 위해 중보기도 할 때, 하나님께서는

10명의 의인만 찾아도 멸하지 않겠다고 하셨다. 또한 예레미야에게는 단 한 사람이라도 있다면 예루살렘을 벌하지 않겠다고 하셨다.

"너희가 만일 정의를 행하며 진리를 구하는 자를 한 사람이라도 찾으면 내가 이 성읍을 용서하리라" 렘 5:1.

단 한 사람이다! 솔로몬이 기도할 때, 이스라엘 민족 가운데 한 사람이라도 하나님 앞에 기도하면 하나님께서 응답하여 달라고 간구하였다.

"한 사람이나 혹 주의 온 백성 이스라엘이 다 각각 자기의 마음에 재앙과 고통을 깨닫고 이 성전을 향하여 손을 펴고 무슨 기도나 무슨 간구를 하거든" 대하 6:29.

단 한 사람이라도 있다면 말이다. 성경의 역사를 보아도 승리는 숫자의 문제가 아니었다. 아브라함의 시종 318명이 가나안 북부의 4개국 연합군을 이기지 않았던가! 기드온의 300용사가 미디안과 아말렉과 동방 연합군 13만 5,000명을 죽이지 않았던가! 너무 황당한 이야기인가? 아니다. 세계사를 보아도 이런 일은 많다.

영화 〈300〉300, 2006을 보았는가? 스파르타의 왕 레오니다스가 정예부대 300명을 이끌고 나가 테르모필레 협곡에서 헬라를 침공하는 페르시아의 왕 크세르크세스와 100만 대군을 막아 내지 않았던가! 물론 "그들은 한 사람도 남김없이 다 죽지 않았는가?"라고 반문할 사람도 있을 것이다. 그러나 그들로 인해 그리스의 도시국가들이 연합하여 일어났고 결국 페르시아의 헬라 침공을 막아 낼 수 있었다. 결국 한 사람 레오니다스가 없었다면 세계 역사는 바뀌었을 것이다.

시오노 나나미의 《십자군 이야기》(문학동네, 2012)를 보았는가? 탄크레디라는 인물과 24명의 기사단은 가는 곳마다 승리를 거둔다. (물론 십자군 전쟁이 올바른 전쟁이었는가는 당연히 문제제기를 해야 한다.) 고대 전투에서는 대군이 맞서 싸울 때 중앙과 좌익과 우익으로 나뉘어 싸우는 진형이 전형적이었는데, 그때마다 탄크레디의 위치는 정중앙이었다. 왜? 그가 서서 진격하는 자리는 언제나 길이 열렸기 때문이다. 팔레스타인에 도착해서도 그는 24명의 기사단을 이끌고 가는 도시마다 전승을 거두었다. 그래서 나중에는 그가 떴다 하면 도시마다 아예 싸울 엄두조차 내지 못하고 백기를 걸었다고 기록되어 있다. 돌파 Breakthrough에는 대군이 필요치 않다. 소수의 정예부대면 된다.

당신이 길을 만들라

카투사 시절, 부대 식당 앞에서 독특한 베레모와 군복을 입고 있는 부대원들을 본 적이 있다. 동료에게 그들이 누구냐고 물었더니 '패스파인더'Pathfinder라고 했다. 뭐 하는 부대냐고 했더니 '길을 만드는 부대'라고 했다. 전쟁이 교착 상태에 빠졌을 때 헬리콥터에 태워 적진 한가운데 투입하면 아군이 있는 곳까지 길을 만들어 내는 자들이었다. '생존 확률 0%, 미션 성공률 100%.' 목숨을 건 군인들이었다. 군대에도, 나라에도, 교회에도 이런 패스파인더들이 있다. 엘라 골짜기에서 치른 블레셋과의 전쟁은 이스라엘의 승리였지만, 골리앗 한 사람을 무너뜨린 다윗이 있었기에 가능했다(삼상 17:58). 사무엘상 15장에 기록된 블레셋과의 전쟁에서 승리한 것도 목숨을 건 요나단 한 사람의 헌신이 있었기에 가능했다. 도미노 패가 모두 동시에 무너지는 것을 보았는가? 단 하나의 스타터Starter에서 시작하는 법이다. 거기서 돌파구가 열리는 것이다. 하나님은 바로 그 한 사람을 찾으시는 것이다.

누군가는 목숨을 걸고 길을 열어야 한다. 그럴 때 교착 상태를 뚫을 수 있다. 그럴 때 역사의 물꼬가 트일 수 있다. 대학생 시절 기독인 사역이 너무 힘들어서 캠퍼스를 걸으며 간절히 기도한 적이 있다.

"하나님 제게 단 한 사람만 동일한 마음을 가진 사람을 주십시오! 그러면 이 캠퍼스를 하나님께 드리겠습니다."

캐나다 밴쿠버에서도 많은 동역자들과 헌신자들이 있었지만, 하나님께서 보내 주신 한 사람의 동역자가 있었기에 모든 일을 가능케 할 수 있었다. 교회 부흥도, 목회 사역도, 연합 사역도, 'Blessing CANADA'라는 3,000명 예배 컨퍼런스도, 그 한 사람이 있었기에 가능했다. 장수가 많다고 잘되는 것이 아니다. 목숨을 건 한 사람이 있어야 한다.

이것이 한 사람의 가치다. 그래서 하나님이 한 영혼 안에 존귀한 하나님의 형상을 담아 두지 않으셨는가! 그래서 예수님은 온 천하보다 귀한 한 생명을 위해 자신의 생명을 아낌없이 던지지 않으셨는가! 당신이 바로 그 한 사람이다. 자신의 가치를 과소평가 하지 말라. 한 사람 때문에 온 인류에 죄가 들어왔고, 한 분 때문에 모두에게 구원의 길이 열렸다! 청년 한 명이 살아나면 5,000만 한민족을 살릴 것이다.

청년 한 명이 살아나면 무너진 한국 교회를 살릴 것이다. 청년 한 명이 살아나면 열방에 주의 오심이 선포될 것이다.

청년들이여, 지금은 세속주의에 빠져 있을 때가 아니다. 지금은 "젊을 때 무슨 새벽예배냐?"하며 잠에 빠져 있을 때가 아니다. 지금은 방황 좀 하다가 돌아오겠다고 여유 부릴 때가 아니다. 지금은 자다가 깰 때다! 하나님은 지금 찾고 계신다. 무너진 곳을 보수할 자들을 찾으신다. 주님이 두 번째 오실 길을 예비할 자들을 찾으신다. 나는 아직 어리다 하지 말라. 요셉도, 다윗도, 다니엘도, 마리아도 10대에 부르심을 받았고 10대에 헌신했다. 대략 요셉은 17세, 다니엘은 18세, 마리아는 14세쯤이다. 한국에 복음의 횃불을 들고 온 언더우드는 26세, 아펜젤러는 27세에 이 땅을 밟았다. 하나님은 세상을 바꿀 한 사람을 찾으신다. 단 한 번뿐인 인생이다. 아낌없이 주님의 손에 들려서 쓰임받으라. 결코 후회하지 않을 것이다.

이제 우리는 다음과 같은 결단을 주님 앞에 드려야 한다.

- 21세기의 나실인으로 살겠습니다.
- 다윗과 같은 예배자로 살겠습니다.
- 바울과 같은 선교사로 살겠습니다.

이런 익스트림 크리스천XX, Extreme Christian 300명만 있으면, 이 시대는 바뀔 수 있다!

그래도 너는 아름다운 청년이다